Kleine Körbe, große Träume
Unsere Reise als Minibasketballtrainer

Autoren: Lenja Kehl & Dr. Peter Saffert

Lektorat: Renan Cengiz

1. Auflage
Erscheinungsjahr: 2025

ISBN: 978-3-8192-1027-3

Verlag: BoD · Books on Demand GmbH, Überseering 33, 22297 Hamburg, bod@bod.de

Umschlaggestaltung: Das Bild auf der Titelseite wurde mit folgender Anfrage mithilfe von Bing Image Creator am 29.01.2025 erstellt: „A playful and colorful drawing of a female basketball coach and a young child joyfully high-fiving. The background features a basketball hoop and a ball on the wooden gym floor. The scene exudes energy and positivity, with exaggerated expressions and a bright, warm color palette."

Satz und Layout: Dr. Peter Saffert, Renan Cengiz

Druck: Libri Plureos GmbH, Friedensallee 273, 22763 Hamburg

Vorwort

Ein kleiner Hinweis am Rande: Dieses Buch ist mithilfe von künstlicher und natürlicher Intelligenz geschrieben. Namen und Beschreibungen sind an echten Begebenheiten orientiert, schildern aber in erster Linie unsere persönlichen Erinnerungen und erheben nicht den Anspruch absoluter Wahrheit. Vereins- und Spielernamen werden nicht genannt (zumindest nicht die wirklichen Spielernamen).

Dieses Buch ist kein „Kochbuch", keine festgeschriebene Anleitung für die Herstellung eines erfolgreichen Teams. Es ist vielmehr der Versuch, Gedankenanstöße zu geben, die man beim eigenen Kochen verwenden kann. Statt ein leckeres Essen zu kreieren, soll es hier darum gehen, eine junge Mannschaft zu entwickeln. Das Buch soll dich motivieren, nicht aufzugeben. Nicht jeder Gedanke darin mag für deine eigene Situation hilfreich oder passend sein – aber mithilfe unserer Anstöße möchten wir dich in die Lage versetzen, auch als Anfänger gut vorbereitet ein junges Basketballteam zu trainieren. Das Buch soll dich dazu anregen, Dinge im Training auszuprobieren und einen Weg zu finden, der sowohl für dich selbst erfüllend ist als auch junge Menschen für das Basketballspiel begeistert. Der Weg ist das Ziel. Dieses Buch ist auch keine wissenschaftliche Arbeit, sondern vielmehr ein Erfahrungsbericht mit Verweisen auf ausgewählte Literatur zur weiteren Vertiefung.

Mit diesem Buch erzählen wir die Geschichte unseres U10-Basketballteams, das wir zwei Jahre begleiten durften, und geben inhaltliche Ratschläge und Tipps für junge und neue Trainer. Wir haben versucht uns auf die Erkenntnisse zu fokussieren, die aus unserer Sicht am hilfreichsten sind – was hätten wir selbst gerne früher gewusst? Im ersten Teil greifen wir die folgenden Themen auf:

- Klare Regeln (Kapitel 2.2.1)

- Freude (Kapitel 2.2.2)

- Grundlagen und Einfachheit (Kapitel 2.2.3)

- Kommunikation und Feedback (Kapitel 2.2.4)

- Verlieren lernen (Kapitel 2.4)

Die Themen Freude und Verlieren spielen über das gesamten Buch eine zentrale Rolle. Im zweiten Teil vertiefen wir die folgenden Aspekte:

- Teamgeist und Freundschaft (Kapitel 3.3.1)

- Psychologie, Flow und Umgang mit Fehlern (Kapitel 3.3.2)

- Vertrauen und Vorbildfunktion (Kapitel 3.3.3)

- Stärken stärken (Kapitel 3.3.4)

Wer sich nur für die inhaltlichen Themen interessiert, kann sich auf diese Kapitel konzentrieren. Die Geschichte und Entwicklung unserer U10 wird in den verbliebenen Kapiteln beleuchtet. Im Schlussabschnitt (Kapitel 4) fassen wir unsere Erfahrungen zusammen.

Inhaltsverzeichnis

Abbildungsverzeichnis

Tabellenverzeichnis

Tabellenverzeichnis

1 Warum

> The thing I loved the most – and still love the most about teaching – is that you can connect with an individual or a group, and see that individual or group exceed their limits.
>
> ———————————————
>
> Mike Krzyzewski (Coach K)[1]

Seit über 30 Jahren spiele ich Basketball. In meiner Jugend hatte ich das große Glück, auf sehr motivierte Trainer zählen zu können. Die Jugendarbeit in unserem Verein war und ist sehr gut organisiert, mit zwei bis drei Teams in jeder Altersklasse und zusätzlich reinen Mädchen-Mannschaften von der U14 bis zur U18. Von den Minis bis zur A-Jugend (heute U20) habe ich alle Mannschaften durchlaufen und sechs Monate an einer High School in den USA Basketball gespielt. Dort saß ich zwar die meiste Zeit auf der Bank, da ich die Tryouts verpasst hatte,

———————————————

1 Mike Krzyzewski, häufig auch „Coach K" genannt, ist ein ehemaliger US-amerikanischer College-Basketballtrainer, der bis 2022 Cheftrainer an der Duke University war. Mit den Duke Blue Devils gewann er als Trainer fünfmal die NCAA-Meisterschaft und hält mit mehr als 1.200 Siegen den Rekord im College-Basketball. Als Nationalmannschaftstrainer gewann er die Weltmeisterschaft und Olympia. Er war Assistenztrainer des legendären Dream Team 1992. Coach K war bekannt für seine Disziplin und seine Fähigkeit, junge Spieler zu entwickeln.

lernte aber enorm viel. Besonders hat mich die Disziplin und Professionalität beeindruckt: Fünf Trainingseinheiten pro Woche, Videoanalysen der Spiele, detailliertes Scouting, drei Coaches, zusätzliches Krafttraining – dazu eine eigene Kabine, persönliche Spinde und ein Dresscode an Heimspieltagen. Bei allem Auf und Ab hat Basketball mir immer Spaß gemacht, mir Energie gegeben und mein Selbstbewusstsein gestärkt. Ich erinnere mich an Turniere, bei denen wir gegen ausländische Mannschaften gespielt haben, an ein Zeltlager mit einem überschwemmten Zelt, an hohe Siege und knappe Niederlagen und an die ein oder andere Meisterfeier (Kreisliga, Oberliga, Regionalliga). Ohne engagierte Trainer und einen starken Verein wäre das alles nicht möglich gewesen. Und neben dem Verein natürlich auch nicht ohne die Verbände und Strukturen, welche die Ligen planen und organisieren, und nicht ohne die Schiedsrichter und ehrenamtlichen Helfer hinter den Kulissen.

Gleichzeitig fehlen Jugendtrainer – nicht nur in unserem Verein und nicht nur im Basketball. In vielen Sportvereinen gibt es Wartelisten und schwächere Kinder werden frühzeitig aussortiert. Wenn Mannschaften zustande kommen, sind die Gruppen sehr groß und die Leistungsunterschiede, selbst innerhalb einer Altersgruppe, oft riesig. Das stellt die Übungsleiter vor zusätzliche Herausforderungen, erschwert die Trainingsplanung und schmälert den Spaß für die Athleten. Beim Start in die erste Saison und die ersten Ligaspiele kommt schnell Frustration auf, wenn man die Spiele (deutlich) verliert. Das gilt für Spieler und Trainer gleichermaßen. Dabei gibt es viele Gründe, sich als Trainer oder ehrenamtlich in einem Sportverein zu engagieren: Die eigenen Kinder brauchen einen Betreuer, man möchte als ehemaliger Spieler etwas zurückgeben, man wird gebeten, eine Funktion zu übernehmen – oder man hat einfach Lust darauf. In jedem Fall sollte das Trainieren von jungen Spielern aufregend sein, erfüllend sein und gleichzeitig Spaß machen. Denn der Sport braucht motivierte Jugendtrainer, die Kinder begeistern. Sport, egal welcher, fördert die allgemeine persönliche Entwicklung und das Wohlbefinden, indem er die Möglichkeit bietet, mit anderen in Kontakt zu treten, sinnvolle Beziehungen aufzubauen, Herausforderungen und Führungsrollen zu übernehmen. Es ist einfach ein tolles Gefühl, wenn die Kleinen nach dem Training mit einem Lächeln die Halle verlassen! Coaching ist wie ein Sport, bei dem man nicht nur selbst in Bewegung ist, sondern auch anderen hilft besser zu werden. Das Coaching einer Mannschaftssportart fordert die Trainer sowohl körperlich als auch mental: Sie müssen nicht nur taktische Strategien entwickeln und die individuelle sowie kollektive Leistung der Spieler verbessern, sondern auch emotionale Stärke zeigen, um Motivation, Teamgeist und Widerstandsfähigkeit zu fördern. Wie ein Athlet müssen Trainer unter Druck schnell reagieren, Entscheidungen treffen und sich vorbereiten und weiterentwickeln, um ihre Mannschaft erfolgreich zu führen.

Nach zwei spannenden Jahren als Minitrainer, möchten wir mit der Geschichte unserer U10-Mannschaft auf den folgenden Seiten drei Dinge erreichen:

1. An den Spaß erinnern, den man als Trainer hat, wenn man zur Entwicklung von Kindern beitragen und an ihr teilhaben kann;

2. Motivation liefern nicht aufzugeben, auch wenn sich die Erfolge manchmal nur langsam einstellen;

3. anhand persönlicher Geschichten zeigen, was meinem Team und mir geholfen hat und diese Erfahrungen als Hilfestellung an junge Trainer weitergeben.

Wenn ich von „meinem" Team spreche, ist das nicht korrekt. Eigentlich bin ich als Co-Trainer zu einem neu formierten U10-Team gestoßen. Die Verantwortung für die Mannschaft lag bei Lenja, einer jungen, engagierten, neuen Trainerin, die gerade ihr Abitur machte. Sie kannte die meisten Kinder, weil sie vorher die Unter-Achtjährigen mittrainiert hatte. 16 wilde Kinder, drei Mädchen und 13 Jungs, die noch nie zusammen ein Basketballspiel bestritten hatten und mit acht Jahren in einer Liga mit Neunjährigen spielen sollten. Unser Verein hatte entschieden, die Spieler für die U10 nach Geburtsjahr aufzuteilen. In der U10-1-Mannschaft landeten alle älteren Kinder (Neunjährige) und in unserem Team, der U10-2, waren alle Jüngeren (Achtjährige). Ziel war es, die Kinder möglichst lange in einem Team zusammen spielen zu lassen.

Natürlich wussten wir, dass es mit dem jüngeren Jahrgang eine schwierige Saison werden würde. Aber im Vordergrund stand die Entwicklung der Kleinen – und die Hoffnung, dass die Kinder über zwei Jahre zusammenspielen, Freundschaften entwickeln und gemeinsam Spielerfahrung sammeln könnten. Wir wollten die Mannschaft in der Meisterschaftsrunde antreten lassen, auch wenn es sehr schwierig werden würde. Wir wollten es einfach versuchen, statt schon im Vorhinein aufzugeben. Oder wie Eishockey-Legende Wayne Gretzky gesagt haben soll: „Du verschießt 100 Prozent der Schüsse, die du nicht wagst."[2] Und so begann an einem sonnigen Freitagnachmittag im Spätsommer 2022 um 16 Uhr das erste Training – der Auftakt einer langen

---

2 Wayne Gretzky (*1961) ist ein ehemaliger kanadischer Eishockeyspieler. Sein Spitzname war „The Great One". Während seiner 20-jährigen NHL-Karriere brach er zahlreiche Rekorde, u.a. war er der erste Spieler, der mehr als 200 Punkte in einer Saison erzielte (dies schaffte er insgesamt viermal). Er war neunmal MVP der NHL und gewann viermal den Stanley-Cup.

gemeinsamen Reise, mit einigen Tiefen aber auch viel Spaß. Eine Reise, bei der sowohl die Kinder als auch wir einiges über uns selbst, über Basketball und über das Zusammenspiel als Team lernen würden.

Selbstverständlich gab es auch Tage, an denen wir nach dem Training müde und frustriert nach Hause gingen. An denen wir uns über Jungs und Mädels ärgerten, die nicht zuhörten, Blödsinn machten, stritten oder nachlässig waren; an denen wir über Übungen grübeln mussten, die nicht funktioniert hatten oder einfach nur erschöpft waren, weil es laut in der Halle war und wir ständig jemanden ermahnen mussten. Der Unmut hielt aber nie lange an: Jede Unzufriedenheit diente uns als Ansatzpunkt für Verbesserungen, und schon kurze Zeit später dachten wir darüber nach, wie wir das nächste Training noch interessanter und besser gestalten konnten: Welche Erklärungen, Hinweise und Übungen, in welcher Reihenfolge, für welches Lernziel, sind für die Kinder am verständlichsten? Was können wir verändern, um ihnen am besten zu helfen, als Team zusammenzuspielen?

Basketball ist ein Spiel, das Spaß machen und mit Begeisterung gespielt werden soll – davon sind wir fest überzeugt. Was Kinder motivieren sollte, ist der Spaß am Spiel und der Wunsch, so gut wie möglich zu sein. Wir glauben auch, dass das Basketball-Training und der Trainer den Charakter der Heranwachsenden entwickeln, indem sie den Spielern Disziplin, Engagement, Opferbereitschaft, Teamfähigkeit, eine gewisse Arbeitsmoral und eine positive Einstellung abverlangen. Es sollte beim Basketball darum gehen, positiv eingestellte und begeisterungsfähige Athleten zu entwickeln und das bestmögliche Team aufzubauen. Gleichzeitig sollte auch das Coachen von jungen Spielern spannend, aufregend und erfüllend sein – und natürlich Freude bereiten.

Das Trainieren kann auch dann erfüllend sein, wenn die Kinder später keine Superstars werden. Oder, wie Mark Kriegel die Erfahrung von Jaeson Maravich beschreibt, dem Sohn der Basketball-Legende „Pistol" Pete Maravich: „Eine Umarmung ist mehr wert als ein 40-Punkte-Spiel."[3][1]

Bei einem kurzen Infotreffen am Ende einer Trainingseinheit stellte der Miniwart des Vereins uns als Trainergespann den Eltern vor. Wir saßen auf Bänken in einer Ecke der Sporthalle und sagten etwas schüchtern und zurückhaltend unsere Namen, und dass wir den Eltern für Fragen und Anregungen rund um Training und Spiele als Ansprechpartner zur Verfügung stünden. Der Verein und die Eltern waren froh, dass sich Übungsleiter gefunden hatten, die die Sprösslinge im Training und bei den Kreisligaspielen anleiten würden – auch ohne große Vorplanung. Eine besondere Herausforderung war die knappe Hallenzeit – und da auch unsere eigene Zeit begrenzt war, konnten wir nur einmal pro Woche trainieren. Oft fielen die Spiele sogar auf einen unserer Trainingstermine, was uns noch weniger Zeit für das Training ließ. Für den Anfang gab uns das trotzdem eine ausreichende Basis. Interessanterweise entspricht eine Trainingseinheit pro Woche sogar der Empfehlung der Youth Basketball Guidelines von Baskeball USA für Sieben- bis Achtjährige.[2] Diese Richtlinien zielen darauf ab, Kinder nicht zu früh auf einen einzigen Sport zu fixieren. Stattdessen fördern

---

3 „Pistol" Pete Maravich war ein US-amerikanischer Basketballspieler und gilt als einer der kreativsten, spektakulärsten und einflussreichsten Spieler, die je auf dem Court standen. Bekannt für seine außergewöhnliche Ballkontrolle, No-Look-Pässe, spektakuläre Moves und weite Würfe, war er ein Showman und Genie, das dem Basketball eine neue Dimension gab. Er spielte in den 1960er Jahren an der Louisiana State University (LSU) und hält mit durchschnittlich 44 erzielten Punkten pro Spiel den College-Rekord – und das, obwohl es zu seiner Zeit noch keine Dreierlinie gab.

sie Vielseitigkeit und ausreichend Erholung. Die Liga selbst war relativ klein. Mit uns waren sieben Mannschaften zum Spielbetrieb gemeldet und alle freuten sich schon auf die Spiele und die anstehende Saison. Neben den Ligaspielen war zwischen den Saisons ein Kreispokal ausgeschrieben, an dem wir ebenfalls teilnehmen wollten. Der Spaß konnte beginnen.

2 Das erste Jahr

> But what I do know is that the
> art of transforming a group of
> young, ambitious individuals into
> an integrated championship team
> is not a mechanistic process. It's
> a mysterious juggling act that
> requires not only a thorough
> knowledge of the time-honored
> laws of the game but also an open
> heart, a clear mind, and a deep
> curiosity about the ways of the
> human spirit.
>
> Phil Jackson[1]

Gleich in den ersten Trainingswochen zeigten sich auch die
ersten unerwarteten Herausforderungen. Wenn wir uns daran
zurückerinnerten, wie unsere eigenen Jugendtrainigs abgelaufen
waren, dann schien alles stets perfekt funktioniert zu haben:
Die Struktur war klar, die Übungen verständlich, die Spieler
motiviert. Als Kinder hatten wir großen Respekt vor unseren

---

1 Phil Jackson, geboren 1945, war Spieler der New York Knicks, der New
  Jersey Nets und später Trainer bei den Chicago Bulls und Los Angeles Lakers. Er gewann elf NBA-Meisterschaften als Trainer (sechs mit
  den Bulls und fünf mit den Lakers). Seine Führungsphilosophie, oft als
  „Jackson-Elf" bezeichnet, baut auf Grundprinzipien der Achtsamkeit
  und Teamdynamik auf.[3]

Trainern und folgten aufmerksam ihren Anweisungen. Jetzt war alles ganz anders: Es kamen eigentlich immer zu viele Knirpse zum Training. Wir hatten ein Drittel einer Dreifachsporthalle für uns und üblicherweise zu wenige Bälle, weswegen sich mindestens zwei Spieler einen Ball teilen mussten. Die Kinder kamen teilweise direkt von der Schule zum Training und waren dementsprechend unkonzentriert und voller Bewegungsdrang. Immer wieder setzten einzelne Kinder beim Training aus oder hielten nicht die komplette Einheit durch – obwohl wir kein intensives Konditionstraining machten. Andere erschienen nur unregelmäßig. Häufig klagten zwei oder drei Kinder über Kopf- oder Bauchschmerzen und wollten auf die Bank. Einmal dort angekommen, waren sie natürlich nicht ruhig, sondern machten Quatsch: Da flog etwa plötzlich nasses Toilettenpapier durch die Halle, ein Schuh landete im Mülleimer und es wurde heimlich aus versteckten Trinkflaschen genascht.

Das alles war völlig neu und unerwartet. Gerade der fehlende Fokus auf das Basketballspielen war für uns schwer zu verstehen – wir dachten, die Kinder würden primär zum Training kommen, um Basketball zu lernen. Heute wissen wir: Als Trainer muss man im Blick haben, dass es auch andere Perspektiven gibt. Wir Betreuer tragen unsere Begeisterung für den Basketball ganz bewusst in die Halle – die Kleinen erscheinen aber aus den verschiedensten Gründen: Um ihre Freunde zu sehen, weil ihre Eltern sie schicken, weil ihnen ein NBA-Video gefallen hat – oder einfach nur, um einen neuen Sport auszuprobieren. Wir hatten anfangs wenig Verständnis dafür, dass die Kinder nicht von sich aus aufmerksamer und motivierter waren – der fehlende Fokus und die Unruhe stellte schließlich nicht nur uns vor organisatorische und mentale Herausforderungen, er schränkte auch die Trainingsmöglichkeiten und die Lerngeschwindigkeit der ganzen Gruppe ein. Dabei war es schon schwierig genug, völligen Basketballneulingen die technischen Grundlagen zu vermitteln – in erster Linie die Basics von Dribbeln, Passen, Werfen, Verteidigen –, Regeln zu lehren und das Spielverständnis aufzubauen.

Andere U10-Trainer erzählten uns von Kindern, die nur widerwillig zum Basketball kamen – oft von ihren Eltern geschickt, um sie zuhause vom Bildschirm wegzuholen. Manche brachten sogar Konsolen in die Halle und klagten früh über Schmerzen, um das Training abzukürzen. Bei uns war es weniger extrem, aber auch wir hatten anfangs Kinder, die häufig mit Schmerzen auf der Bank landeten. Das frustrierte uns enorm. Letztlich halfen zwei Strategien: Wir kontaktierten konsequent die Eltern, statt die Kinder nur auszusetzen, und integrierten mehr spielerische Übungen, die Spaß machten.

Als neuer Coach ist man sich nicht bewusst, wie schwierig es für kleinere Kinder ist, Basketball zu spielen. Basketball ist eine komplexe Sportart: Es sind zehn Spieler auf dem Platz, fünf Spieler von jeder Mannschaft – oder, im Falle der U10 und U12, zwei Mannschaften à vier Spieler. Die Spieldynamik wechselt häufig und schnell zwischen Angriff und Verteidigung – neben Eishockey ist Basketball tatsächlich eines der schnellsten Sportspiele der Welt. Jeder Spieler muss in jedem Moment rasche Entscheidungen treffen: In der Basketball-Bundesliga dauert ein Angriff durchschnittlich 16 Sekunden, das entspricht 75 Possessions pro 40 Minuten Spielzeit. In der NBA sind die Angriffe noch etwas schneller, mit durchschnittlich 98,5 Possessions pro

48 Minuten bzw. 14,6 Sekunden pro Angriff.[2] Das bedeutet: In einer Minute spielt man zwei Angriffe, muss zweimal verteidigen und der Ballbesitz hat dreimal gewechselt.

Zusätzlich gelten komplexe Regeln: So darf der Ballführer z.b. nicht einfach mit dem Ball laufen, sondern muss ihn mit einer Hand dribbeln. Wenn er den Ball aufgenommen hat, darf er nicht mehr dribbeln und kann nur noch zwei Schritte machen. Phil Jackson, der ehemalige Trainer der Chicago Bulls und der Los Angeles Lakers, beschreibt Basketball als komplexen Tanz, der mehr ist als ein Einzelsport oder ein Fünf-gegen-Fünf, sondern alles einschließt, was in dem Augenblick passiert – „wenn der Ball gegen den Ring prallt, ein Raunen durch das Publikum geht, die Wut in den Augen des Gegners sich abzeichnet oder wenn die eigenen Gedanken nicht zur Ruhe kommen."[3] (S. 368) All das ist nicht einfach für die Kinder und erfordert viel Übung, auch wenn die sensomotorische Wahrnehmung der Kleinen mit ca. 8 Jahren schon „ausgereift" ist und das Gefühl für Körperbewegungen und die Körperwahrnehmung weitgehend vollständig sind. Zum Beispiel kann ein Kind dieses Alters „sich auf einem Fuß im Gleichgewicht halten und auf einer schmalen Oberfläche gehen. Die meisten [. . .] Muskel- und Gelenkempfindungen sind gut integriert, und seine Fähigkeit Handlungsabläufe zu planen, ist gut".[4] (S. 43) In der Theorie sind die Wahrnehmung und Beweglichkeit also schon ausgeprägt, aber in der Realität bewe-

---

2   Im Basketball bezeichnet „Possession" den Ballbesitz einer Mannschaft. Jedes Team hat in der Regel gleich viele Possessions pro Spiel, mit möglichen Abweichungen von maximal zwei. Eine Possession endet durch einen Wurfversuch, den eigenen Ballverlust oder einen Freiwurf. Die Anzahl der Possessions lässt sich berechnen als: Feldwurfversuche – Offensiv-Rebounds + Turnover + 0,44 * Freiwurfversuche. Der Faktor 0,44 basiert auf NBA- und NCAA-Statistiken. Das Spieltempo, auch „Pace" genannt, leitet sich von den Possessions ab und wird in Europa pro 40 Minuten, in den USA pro 48 Minuten angegeben.

gen sich viele Kinder außerhalb vom Sportverein relativ wenig –
bzw. deutlich weniger als noch vor 30 Jahren. Das ist eine zusätzliche Herausforderung für Übungsleiter: Koordinationsübungen
werden im Training immer wichtiger; rückwärts zu laufen oder
die Beine beim Seitwärtsgehen zu kreuzen stellt einige Kinder
vor echte Probleme.

Der DBB hebt in seinem Leitfaden für das Training mit Kindern und Jugendlichen hervor, dass in der U10 das beste Lernalter der Kinder beginnt.[5] Doch die Umsetzung von Erklärungen in konkrete Handlungen, das Koordinieren von Bewegungsabläufen sowie die gleichzeitige Aufmerksamkeit für die
sich schnell bewegenden Mitspieler, Gegenspieler und den Ball,
die Orientierung auf dem Spielfeld, der Blick für den Korb und
das Aufnehmen von Anweisungen durch Trainer und Schiedsrichter – all das verlangt Kindern eine enorme Konzentration
und Anstrengung ab. Und oft ist das selbst für Erwachsene eine
große Herausforderung. Das gilt doppelt, wenn das Basketballspielen die erste echte Sporterfahrung im Leben der Kleinen ist,
wie es bei den meisten der Achtjährigen in unserem Team der
Fall war.

Wie begegnet man als neuer Trainer dieser Komplexität und
den zusätzlichen Herausforderungen mit jungen Menschen? Worauf sollte man achten? Welche Qualitäten sollte man entwickeln,
um ein guter Trainer zu werden? Was bedeutet es überhaupt,
ein „guter" Trainer zu sein? Diese Fragen drehen sich letztendlich um Führungsqualitäten – und ich musste unweigerlich an
die fünf „Parables of Leadership" denken: Fünf Gleichnisse, die
W. Chan Kim und Renée Mauborgne im Harvard Business Re-
view 1992 zusammengetragen haben und die auf Erfahrungen in
koreanischen Tempeln basieren. Sie betrachten die wesentlichen
Qualitäten der (Mitarbeiter-)Führung und die Handlungen, die
eine Führungskraft ausmachen:[6]

1. die Fähigkeit, das Unausgesprochene zu hören;

2. Demut;

3. Engagement bzw. Hingabe;

4. die Fähigkeit, die Realität aus verschiedenen Blickwinkeln zu betrachten und

5. die Fähigkeit, eine Organisation zu schaffen, die die einzigartigen Stärken jedes Mitglieds hervorhebt.

Oder anders formuliert:

1. Aufmerksamkeit, Feingefühl und Verständnis;

2. Gelassenheit, mentale Kontrolle und Geduld, um die langfristige Entwicklung über kurzfristige Erfolge stellen;

3. Engagement und Begeisterung – denn nur mit vollem Einsatz werden Spaß, Erfahrung und der Mehrwert für die Spieler maximiert;

4. die Fähigkeit, sich selbstkritisch zu hinterfragen, unterschiedliche Perspektiven wahrzunehmen und an sich selbst zu arbeiten;

5. Vertrauen in sich selbst als Basis für einen guten Umgang und eine gute Kommunikation mit den Spielern.

Das ist genau das, was auch einen „guten" Trainer ausmachen sollte. Eine Erzählung erscheint uns besonders treffend und relevant, weil sie verdeutlicht, wie wichtig Demut, Geduld und langfristiger Fokus sind – das Gleichnis von Feuer und Wasser:

Im vierten Jahrhundert v. Chr., verborgen im Staat Lu, lag der Distrikt, über den Herzog Chuang herrschte. Der Distrikt hatte unter Chuangs Vorgänger außerordentlich prosperiert, doch seit Chuangs Ernennung verschlechterten sich die Verhältnisse merklich. Erschüttert von dieser traurigen Entwicklung machte sich Chuang auf den Weg zum Han-Berg, um die Weisheit des großen Meisters Mu-sun zu suchen.

Als der Herzog am Berg ankam, fand er den großen Meister friedlich auf einem kleinen Felsen sitzend und in das angrenzende Tal blickend. Nachdem der Herzog Mu-sun seine Situation geschildert hatte, wartete er gespannt darauf, was der große Meister sagen würde. Entgegen Chuangs Erwartung sprach der Meister jedoch kein Wort. Stattdessen lächelte er sanft und bedeutete dem Herzog, ihm zu folgen.

Schweigend gingen sie, bis vor ihnen der Tan-Fu-Fluss lag, dessen Ende nicht zu sehen war, so lang und breit war er. Nachdem er über den Fluss meditiert hatte, begann Mu-sun ein Feuer zu entfachen. Als es endlich brannte und die Flammen loderten, ließ der Meister Chuang an seiner Seite sitzen. Dort saßen sie stundenlang, während das Feuer bis in die Nacht hinein hell brannte.

Mit dem Anbruch der Dämmerung, als die Flammen nicht mehr tanzten, zeigte Mu-sun auf den Fluss. Dann sprach der große Meister zum ersten Mal seit der Ankunft des Herzogs: „Verstehst du jetzt, warum du nicht imstande bist, wie dein Vorgänger die Größe deines Distrikts zu erhalten?"

Chuang schaute verwirrt, er verstand jetzt nicht besser als zuvor. Langsam schlich sich Scham über den Herzog. „Großer Meister", sagte er, „verzeih meine Unwissenheit, denn die Weisheit, die du vermittelst, kann ich nicht begreifen". Mu-sun sprach dann zum zweiten Mal. „Denke nach, Chuang, über die Natur des Feuers, das letzte Nacht vor uns brannte. Es war stark und mächtig. Seine Flammen sprangen empor und tanzten in eitlem Stolz. Keine starken Bäume noch wilde Tiere hätten seiner mächtigen Kraft widerstehen können. Mühelos hätte es alles auf seinem Weg erobern können.

Im Gegensatz dazu, Chuang, betrachte den Fluss. Er beginnt als ein kleiner Bach in den fernen Bergen. Manchmal fließt er langsam, manchmal schnell, aber immer nimmt er den Weg nach unten, das niedrige Gelände als seinen Kurs. Er durchdringt bereitwillig jede Ritze in der Erde und umarmt bereitwillig jede Spalte im Land, so demütig ist seine Natur. Wenn wir dem Wasser lauschen, ist es kaum zu hören. Wenn wir es berühren, ist es kaum zu fühlen, so sanft ist seine Natur.

Und doch, was bleibt am Ende vom einst mächtigen Feuer? Nur eine Handvoll Asche. Denn das Feuer ist so stark, Chuang, dass es nicht nur alles auf seinem Weg zerstört, sondern letztlich seiner eigenen Stärke zum Opfer fällt und verzehrt wird. So ist es nicht mit dem ruhigen und leisen Fluss. Denn wie er war, so ist er, so wird er immer sein: für immer fließend, immer tiefer und breiter werdend, immer mächtiger, je weiter er zum unergründlichen Ozean fließt, Leben und Nahrung spendend für alle."

Nach einem Moment der Stille wandte sich Mu-sun an den Herzog. „Wie es in der Natur ist, Chuang, so ist es mit den Herrschern. Denn wie es nicht das Feuer, sondern das Wasser ist, das alles umhüllt und der Quell des Lebens ist, so sind es nicht mächtige und autoritäre Herrscher, **sondern Herrscher mit Demut und tief verwurzelter innerer Stärke, die die Herzen der Menschen gewinnen** und Quellen des Wohlstands für ihre Staaten sind. Denke darüber nach, Chuang", fuhr der Meister fort, „welche Art von Herrscher du bist. Vielleicht liegt dort die Antwort, die du suchst".[6]

Jeder Trainer wird die Frage, welche Art von Trainer er oder sie sein will, anders beantworten – oder sich diese Frage gar nicht stellen, so wie wir vor zwei Jahren. Als ich anfing zu trainieren, kam ich pünktlich um 16 Uhr zum Training, verließ mich darauf, dass Lenja einen Trainingsplan hatte und versuchte die Kinder mit möglichst wenig Chaos durch die Übungen zu schleusen. Wahrscheinlich war mein Auftreten eher autoritär, mit wenig Demut und Feingefühl und ohne langfristige Entwicklungsperspektive. Denn mit 30 Jahren Basketballerfahrung, dachte ich, mein Wissen über Basketball würde ausreichen, um ein gutes Training durchzuführen.

Natürlich braucht man auch technisches Wissen – aber das ist eben nicht alles. Die gute Nachricht ist, dass man beides entwickeln kann, Technik und Charaktereigenschaften, sofern man bereit ist an sich selbst zu arbeiten, sich selbst hinterfragt. Es ist sogar spannend, seine eigenen Verhaltensweisen zu beobachten und zu sehen, wie Änderungen sich auf das Verhalten der Spieler auswirken. In einem Anflug von Offenheit sagte Lenja (zum Glück erst zwei Jahre später), ich wäre im ersten Jahr beim Training völlig überfordert gewesen.

Neben den oben aufgezählten Charaktereigenschaften und dem technischen Wissen, das man auch über die Zeit entwickeln kann, braucht man als Coach ein Verständnis für Basketballgrundlagen, -regeln und -konzepte, die dem Niveau entsprechen, auf dem man arbeitet. Anfänger und jüngere Jahrgänge, insbesondere die Mini-Basketballstufen (U8, U10, U12), müssen nur die Grundlagen der Basketballtechnik kennen.[3] Eine wesentliche Herausforderung im Kindertraining ist die richtige Balance. Dabei geht es um die passende Technik, die sinnvolle Reihenfolge der Grundlagen wie Dribbeln, Fangen und Werfen sowie deren Aufteilung in kindgerechte Lerneinheiten.

Dazu kommt: Als Trainer sollte man sich dazu bekennen, Verantwortung für die Kinder zu übernehmen und viel Zeit zu investieren. Das geht weit über die Spiele und die Spielergebnisse hinaus. Klar, Spiele sind wichtig, aber ein guter Trainer erscheint nicht nur zum Training und zum Spiel. Es gilt eine ganze Reihe Aufgaben rund um den Spielbetrieb zu organisieren, etwa die Teamorganisation, die Einbeziehung der Eltern und die Trainingsvorbereitung. Um effektiv zu sein, muss man die Trainingseinheiten planen und gewissenhaft durchführen, dem einzelnen Kind Anleitung zur individuellen Verbesserung geben, über die Spielzeit entscheiden (beim Minibasketball: Wer spielt in welchem Achtel mit wem, wer muss aussetzen), häufig mit Spielern und Eltern sprechen und vieles mehr. Coaching ist ein Einsatz deiner Zeit für die Entwicklung von Spielern auf und neben dem Platz.[2] Selbst in einer kleinen Liga mit acht Teams und Hin- und Rückrunde ergeben sich immerhin 14 Spieltage. Also 14 Wochenenden, an denen man mindestens einen halben Tag lang für die Mannschaft da sein muss. Im besten Fall fährt

---

3 Eine ausführliche Übersicht und Diskussion der Kompetenzen, die einen Trainer ausmachen, liefert das Handbuch Basketball.[7]

man dann zu den Spielen, ist für die Zeit des Spiels in der Halle und kann danach wieder nach Hause. Es gibt aber auch Tage, da steht man vor einer verschlossenen Halle, deren Schlüssel nicht auffindbar ist. Wenn man dann nach etlichen Telefonaten schließlich in die hineingelangt, sind die Körbe nicht verstellbar, die Kabinen verschlossen, die Trikots fehlen, kein Anschreiber lässt sich auftreiben, die Schiedsrichter kommen nicht, die Ergebnisdurchgabe funktioniert nicht und und und.

Gerade bei jüngeren Altersstufen haben Trainer einen großen Einfluss auf die Entwicklung der Kinder – und darauf, ob sie langfristig Spaß am Basketball haben. Daher sollte man sich auch Gedanken über die Ziele für die Kinder machen. Gewinnen kann ein gesundes Ziel sein, aber das Streben nach Siegen ist das, woraus man lernt – unabhängig vom Spielergebnis. Das ist der zentrale Punkt diese Buches: Es geht nicht und es sollte bei kleineren Kindern auch nicht nur ums Gewinnen gehen. Ein vorausschauender Coach berücksichtigt das Spielniveau seiner Mannschaft und setzt sich realistische Ziele. Er bewertet die Ergebnisse dann auf Grundlage der Entwicklung der Kinder – und nicht auf der Grundlage von Siegen oder Niederlagen. Ein Spiel zu gewinnen ist ein klares, messbares, aber verführerisches Ziel. Die Spieler weiter zu entwickeln dauert länger und man sieht Erfolge erst mittel- bis langfristig. Das macht es natürlich schwierig für Trainer und Eltern, aber auch für Kinder, sich daran zu orientieren und Erfüllung wahrzunehmen. Umso wichtiger ist es, auch kleine Erfolge hervorzuheben. Im Leitfaden für das Training mit Kindern beschreibt der DBB die folgenden Ziele für die U10[4]:

- Freude am Ballspiel;

- Spaß an der Bewegung;

- Training athletischer Grundlagen;

- Erlernen der Grundtechniken des Basketballspiels;

- Erlernen individualtaktischer Grundlagen;

- Erlernen der Grundregeln für Raumaufteilung und Bewegung im Raum.

Jeder Trainer sollte die Regeln und Werte für sich und sein Team selbst bestimmen. Diese dienen als Richtlinien, wenn er entscheidet, was wichtiger ist: die Entwicklung einzelner Spieler oder das Zusammenspiel des Teams. Man kann sich auch vornehmen, allen Spielern gleich viel Spielzeit zu geben, die Zahl der gegnerischen Rebounds zu begrenzen oder Vielseitigkeits- und Konzentrationsziele zu setzen. Wichtig ist dabei, sich bewusst zu machen, dass der Weg zum Ziel entscheidend ist. Konzentriere dich mehr auf diesen Weg als auf das Ziel selbst. Wir hatten uns vorgenommen, die Spielzeit gleichmäßig zu verteilen (uns war das wichtiger als zu gewinnen), unsportliches Verhalten nicht zu tolerieren, Respekt gegenüber Mitspielern und Gegnern zu

---

4 Der „Leitfaden und Rahmentrainingsplanung für das Training mit Kindern und Jugendlichen" des DBB enthält weitere Guidelines, u.a. wichtige Werte: Freundschaft, Spaß, sich vergleichen, Zeit miteinander verbringen, sowie Bausteine und Leitlinien für das Training in unterschiedlichen Altersstufen.[5]

zeigen, zusammenzuspielen und natürlich gemeinsam Spaß zu haben. Außerdem war es uns wichtig, auch kleine Erfolge zu feiern, etwa ein Steal im Spiel, und viel Lob auszusprechen. Eng verknüpft mit diesen Zielen ist der Führungsstil. Wie geht man mit der Mannschaft um? Wie leitet man an? Ist man eher Kumpel oder Schleifer? Wir hatten uns im Vorfeld weder über Ziele verständigt, noch darüber nachgedacht, welche Art von Trainer wir sein wollten. Mit der Zeit entwickelt man zwar ein Gefühl dafür, wie man natürlich mit seinem Team umgeht und findet seinen individuellen, dem Team angepassten Führungsstil. Hilfreich und ratsam ist es dabei aber, sich regelmäßig selbst zu hinterfragen: Was funktioniert gut, was ist schwieriger beim Coaching? Oft ändert sich der eigene Trainingsstil, wie wir in den letzten beiden Jahren bei uns selbst festgestellt haben. Es ist spannend, diese Veränderungen zu beobachten und ihren Einfluss auf die Spieler, das Umfeld sowie die eigene Motivation und den Spaß zu reflektieren.

Wer unsicher ist, ob und wie er eine Mannschaft trainieren kann, sollte mit Freunden und anderen Übungsleitern sprechen. Fragt, ob ihr bei einem Training mithelfen oder eine Einheit übernehmen dürft. Versucht als Co-Trainer einzusteigen oder sucht euch einen Partner, um gemeinsam eine Mannschaft zu trainieren. Geteiltes Leid ist halbes Leid.

In unserem Verein sind einige sehr engagierte Trainer schon seit vielen Jahren in der Jugendarbeit tätig. Sie aktivieren Jugendliche für die kleinen Mini-Mannschaften (U8 und U10). Die Jugendlichen helfen dann zunächst bei den ganz Kleinen als Co-Co-Trainer aus – und wenn es ihnen Spaß macht, steigen sie anschließend als Co-Trainer ein. Ein weiterer schöner Einstieg in unserem Verein ist ein jährlich stattfindendes Mini-Camp, für das wir immer freiwillige Helfer suchen. Das ist für viele eine super Gelegenheit, erste Trainerluft zu schnuppern, sich für den

Verein zu engagieren und eine Menge Spaß zu haben. Höhepunkt ist ein Abschlussparcour, den die Trainerneulinge für alle Kinder in einer Dreifachhalle aufbauen dürfen.

2.1 Die ersten Spiele

> Don't be afraid to fail. Be afraid not to try.
>
> ──────────────────
>
> Michael Jordan[5]

Die Mini-Regeln haben einige Besonderheiten (siehe Tabelle 2.1): Abgesehen von einem niedrigeren Korb und dem kleineren Ball, wird in Achteln von je fünf Minuten gespielt, wobei nur vier Spieler pro Mannschaft auf dem Feld sind (Vier-gegen-vier). Eine Mannschaft muss mit mindestens sechs Spielern antreten, also mindestens zwei Auswechselspieler haben. Jedes Kind muss mindestens zwei Achtel spielen und darf höchstens sechs Achtel auf dem Feld sein. Innerhalb eines Achtels sind Wechsel nicht erlaubt, es sei denn, ein Spieler verletzt sich. Deswegen muss man sich als Trainer schon im Voraus Gedanken darüber machen, wen man wann einsetzt. Wenn man zehn Spieler hat, kann jedes Kind drei Achtel spielen und zwei Spieler können ein viertes Achtel absolvieren. Um Diskussionen mit Eltern vorzubeugen, hatten wir vor Saisonbeginn auf diese Regelbesonderheiten hingewiesen, speziell auf die eingeschränkten Wechselmöglichkeiten.

─────────────────────

5   Michael Jordan (geb. 1963) gilt als einer der erfolgreichsten Basketballspieler aller Zeiten. Mit seinem unbändigen Siegeswillen und seiner Fähigkeit, in entscheidenden Momenten zu dominieren, prägte er die NBA in den 90er Jahren. Er wurde sechsmal mit den Chicago Bulls NBA-Champion und dabei sechsmal Finals MVP.

2 Das erste Jahr

Im ersten Jahr hatten wir einen Kader von 16 Kindern, darunter drei Mädchen. Einige Spieler hatten schon ein wenig Ballsporterfahrung aus Kindergruppen und natürlich dem Sportunterricht in der Schule. Sie brachten sehr unterschiedliche Voraussetzungen mit und auch die Konzentrationsfähigkeit und Aufmerksamkeitsspanne unterschied sich deutlich. Natürlich wollen Kinder in diesem Alter viel ausprobieren und suchen noch nach dem Sport oder dem Hobby, das ihnen am meisten Spaß macht. Wir haben versucht, immer die Spieler einzusetzen, die auch trainiert haben, unabhängig von ihrem technischem Leistungsstand. Für die Saison hatten wir geplant, maximal zehn Spieler zu einem Spiel mitzunehmen. Das garantiert, dass jeder genügend Spielzeit bekommt und mindestens drei Achtel spielt – also 15 Minuten pro Spiel. Ansonsten verteilten wir die Spielzeit möglichst gleichmäßig auf alle Spieler. Bei der Größe unseres Kaders musste jeder mal aussetzen. Zu manchen Auswärtsspielen meldeten sich nur sieben bis neun Kinder, bei anderen Spielen wollten dann plötzlich 12 bis 14 mitspielen. Aber der Reihe nach.

Am besten lernt man Basketball durchs Spielen. Pep Guardiola soll gesagt haben:[6]

> *In jungen Jahren müssen Sportler so viel wie möglich spielen. Auf der Straße spielen – zu meiner Zeit konnten wir das, heute ist das vielleicht nicht mehr möglich –, aber spielen und spielen und spielen, das*

---

6   Pep Guardiola ist ein spanischer Fußballtrainer und ehemaliger Profifußballer. Er gehört zu den renommiertesten Trainern der Welt und ist bekannt für seine innovativen Taktiken und seine Fähigkeit, das Beste aus Teams herauszuholen. Er trainierte u.a. den FC Barcelona, Bayern München und Manchester City und gewann dreimal die Champions League.

Tabelle 2.1: DBB Mini-Regeln [8]

	u8	u10	u12
Spielzeit	8 x 4 Min. gestoppt	8 x 5 Min. gestoppt	8 x 5 Min. gestoppt
Halbzeitpause	Seitenwechsel, kurze Wechselpause		
Spielball	Größe 4	Größe 5 (leichtere Modelle zulässig)	Größe 5 (Originalgewicht)
Spielfeld	Kleineres Feld / Grundschule	Normales Feld / Querfeld	Normales Feld / Querfeld
Spieleranzahl	3 gegen 3	4 gegen 4	4 gegen 4
Einsatzzeiten	Jedes Kind muss min. zwei Perioden spielen und zwei aussetzen		
Spielerwechsel	nur in den Pausen zwischen zwei Perioden		
Korbhöhe	2,05–2,60m	2,60m	2,60m
3-Punkte-Wurf	ohne	außerhalb der Zone	außerhalb der Zone
Freiwurflinie	2 m nach vorne bzw. soweit vor wie nötig	1 m nach vorne bzw. soweit vor wie nötig	1 m nach vorne bzw. soweit vor wie nötig
3-, 5-, 8-, und 24-Sekunden-Regeln	werden nicht angewendet	SR ahnden bei massiven / unfairen Überschreitungen	
Rückspiel	wird nicht angewendet		normale Regel
Auszeiten	keine		
Spezielle Regeln	Keine Blöcke / Handoffs Mann-Mann-Verteidigungs-Pflicht Ganzfeld-Verteidigung ist zulässig Doppeln generell verboten		

*ist alles. Lass sie Tag und Nacht spielen und lass
sie Fehler machen. Dann sind ein paar Ratschläge
gut, die ihnen helfen zu verstehen, wie wir das Spiel
spielen.*

Übungen trainieren in erster Linie die Technik, während Spiele die gesamte Fertigkeit trainieren, insbesondere die Wahrnehmung, das Umschalten von Angriff auf Verteidigung und die Anwendung von Techniken in Spielsituationen.[7] Deswegen wollten wir auch am Spielbetrieb in einer Liga teilnehmen, obwohl wir mit einem Kader aus achtjährigen Anfängern eine schwierige Saison erwarteten. Das Spielen selbst motiviert die Kinder auch zu trainieren: In Spielen werden sie mit einer Vielzahl von Herausforderungen und unterschiedlichen Spielsituationen konfrontiert. Diese Entscheidungsmomente schulen eine Reihe von Fähigkeiten, von der Wahrnehmung (Kognition) bis hin zur schnellen Entscheidung und Umsetzung (Aktion).[7]

Anfang September wollten wir die Kinder in einem Testspiel auf die bevorstehende Saison einstimmen und ihnen ein erstes Gefühl für eine Wettkampfsituation geben. Zu den Vorbereitungsspielen traten wir mit zwölf Spielern an. Die Trikots und Hosen waren einigen viel zu groß; sie hatten Probleme sich darin zu bewegen und zogen schließlich ihre eigenen Hosen an. Durch das mehrfache Umziehen entstand ein wenig Durcheinander, weswegen sich die Kinder nicht richtig warmmachten und teilweise etwas verloren auf dem Platz herumstanden. Natürlich waren alle super motiviert und gaben ihr Bestes auf dem Spielfeld – es entwickelte sich eine wirklich tolle erste Partie. Gleichzeitig sah man die Unsicherheit und Nervosität: Einige Spieler vergaßen zu dribbeln und liefen mit dem Ball in der Hand übers

---

7 Im Englischen heißt es: „Drills practice technique, whereas games practice the full skill."

Feld; andere brauchten Zeit, um sich zu orientieren: Sie waren unsicher, in welche Richtung sie laufen sollten oder wie sie reagieren mussten, wenn sie einen Pass erhielten. Auch Einwürfe waren schwierig. Selbst wenn drei Mitspieler frei vor dem Einwerfer standen und kein Verteidiger in der Nähe war, musste er erst überlegen, wer den Ball bekommen soll. Über Verteidigung und Reboundverhalten müssen wir erst gar nicht sprechen – es ist eben ein riesiger Unterschied, ob man im Training innerhalb der Mannschaft Vier-gegen-vier spielt oder ein Spiel mit echten Gegnern bestreitet, einen Schiedsrichter auf dem Feld hat und jubelnde Zuschauer am Seitenrand sitzen.

Zunächst machten wir die mangelnde Konzentration der Spieler für das Kuddelmuddel verantwortlich. Aber wie Doug Lemov in „The Coach's Guide to Teaching" betont, ist die Performance eines Spielers im Training kein guter Indikator für Leistung im Spiel.[9] Die Leistung im Training ist ein falsches Signal – was ein Sportler während einer Trainingseinheit zeigt, lässt nicht darauf schließen, was er in einem Spiel leisten kann. Das hat etwas mit der Informationsverarbeitung im Gehirn und dem Kurz- und Langzeitgedächtnis zu tun. Erst wenn Erlerntes im Langzeitgedächtnis verankert ist, kann ein Spieler eine Aktion aus dem Effeff umsetzen (siehe auch Kapitel 2.2.3). Wir verloren dieses Testspiel deutlich, verschwiegen den Kindern aber das exakte Ergebnis. Für die Saison nahmen wir uns vor, mit maximal zehn Spielern anzutreten, damit jeder mindestens drei Achtel spielen kann. Aufgrund der Mini-Regeln und da wir mit zwölf Kindern angetreten waren, konnten wir beim Testspiel einige Kinder nur zwei Achtel (also zehn Minuten) spielen lassen.

Mitte September folgte dann ein Pokalspiel, zu dem wir mit zehn Kindern antraten und unter regulären Wettkampfbedingungen spielten, sprich acht mal fünf Minuten. Innerhalb eines Achtels durfte nicht gewechselt werden und jeder Spieler musste

mindestens zwei Achtel spielen (siehe Tabelle 2.1). Schon beim
Warmmachen wurde deutlich, wie unterschiedlich unsere Kinder
im Vergleich zu den gegnerischen Spielern mit dem Ball umgehen konnten: Die Gegner zeigten eine versierte Ballführung, waren schneller und hatten mehrere treffsichere Werfer im Team.
Viele von ihnen hatten schon eine Saison gespielt. Dementsprechend kontrollierten unsere Kontrahenten das Spiel nach Belie-
ben und nutzten unsere Unerfahrenheit und Unsicherheit aus.
Unsere Spieler hingegen waren ähnlich nervös wie im Testspiel:
Sie wussten teilweise nicht, in welche Richtung sie laufen mussten, vergaßen das Dribbeln oder rannten nach dem Dribbling
einfach mit dem Ball weiter. In der Verteidigung liefen sie ihren
Gegenspielern hinterher, sodass die Gegenmannschaft ein ums
andere Mal frei zum Korb dribbeln konnte. Das fiel besonders
auf, wenn die Gegner in ihrem Rückfeld Einwurf hatten: Während unsere Spieler noch ihre Gegenspieler suchten, erfolgte der
Einwurf, und der Ballführer konnte ungehindert über das ganze
Spielfeld zum Korb dribbeln – wir liefen nur hinterher. Die Eltern feuerten ihre Kinder lautstark an, trotzdem verloren wir erneut deutlich mit 6:49 (bei durchlaufender Spielzeit). Das bedeutete das Ausscheiden aus dem Pokal gleich in der ersten Runde.
Das Ausscheiden selbst wurde von den Kindern unbemerkt und
ohne großes Bedauern zur Kenntnis genommen. Die Niederlage
war einfach zu eindeutig ausgefallen. Uns fehlten durchweg basketballtechnische Grundlagen. („Wer Korbleger kann, gewinnt"
– siehe auch Kapitel 2.2.3).

Interessant war: Trotz beider deutlicher Niederlage hatten die
Kinder sichtlich Spaß. Für sie, das war ihnen anzumerken, war
es ein tolles Erlebnis gewesen, mit Trikot aufzulaufen und von so
vielen Eltern angefeuert zu werden. Gleichzeitig waren sie von
den Niederlagen frustriert – allerdings schien sie das auch zu
erden und auf den Boden der Tatsachen zurückzuholen. Wäh-

rend sie sich bisher im Training für die Besten hielten, merkten sie jetzt selbst, dass sie noch viel zu lernen hatten. Unsere Hoffnung, dass sich das fortan in mehr Aufmerksamkeit, Konzentration und Einsatz im Training niederschlagen würde, blieb jedoch ein kühner Traum.

Die beiden Spiele hatten uns auch klar gemacht, dass wir uns eine Struktur für das Warmmachen überlegen mussten – eine Art Routine, damit die Kinder sich auch im Kopf auf das Spiel vorbereiten konnten. Vor der Begegnung hatte das Team ausgesehen wie ein verlorener, aufgewühlter Hühnerhaufen. Als Coach ist es kaum möglich, den Kindern in dieser Situation Anweisungen und Hilfestellungen zu geben, da man mit anderen Aufgaben beschäftigt ist, z.B. dem Ausfüllen des Anschreibebogens und Gesprächen mit den Schiedsrichtern und dem gegnerischen Trainer. Außer, man hat einen Co-Trainer, der einen Teil der Aufgaben übernehmen kann.

In beiden Spielen waren wir auch körperlich unterlegen gewesen: Die Gegner schnappten sich die Rebounds und warfen ihre Bälle über uns hinweg. Sie waren schneller und beweglicher, während es uns zusätzlich an Konzentration mangelte – wir waren deutlich langsamer in unseren Bewegungen und in der Wahrnehmung. Immer schienen unsere Spieler eine entscheidende Sekunde länger überlegen zu müssen als ihre Gegenspieler. Das zeigte sich sehr deutlich bei unseren Einwürfen. Wir zögerten, waren uns nicht sicher, wohin wir den Ball spielen sollten. Standen Gegner vor uns, wussten wir nicht mehr, was zu tun war und warfen die Bälle im hohen Bogen weg. In der Verteidigung liefen wir unseren Gegenspielern hinterher, konnten aber weder Pässe verhindern noch den Ballführer stoppen. Wenn wir den Ball in der Hand hatten, fiel die Entscheidung zwischen Passen und Dribbeln schwer, weil die Entfernung zum Gegner bzw. den Mitspielern für die Kinder nur schwer einzuschätzen war.

Die Gegner konnten die Spielsituationen schneller erkennen und geistig umschalten, antizipieren, wohin Bälle flogen oder wohin sich ein Gegenspieler bewegte. Mit diesem Umstand sollten wir die gesamte Saison über zu kämpfen haben, wenn auch in unterschiedlichem Ausmaß.

Wahrnehmung beginnt mit dem Sehen – und das Gehirn hat eine Unmenge visueller Informationen und Reizen zu verarbeiten. Es ist ständig damit beschäftigt, die wichtigen Informationen von den unwichtigen zu trennen und fehlende Informationen zu ergänzen. Das passiert unterbewusst. Je mehr Erfahrung man mit einer bestimmten Tätigkeit hat, desto besser ist das Gehirn darauf eingestellt, die unwichtigen Dinge auszufiltern – und desto leichter und ruhiger erkennt man, was als nächstes passieren könnte und worauf man sich vorbereiten muss. Wer einen Führerschein hat, kennt das aus den praktischen Fahrstunden: Als Fahrschüler wird man noch aufgeregt und angestrengt alle Bewegungen vor einem auf der Straße beobachten. Ist man erst einige Jahre selbstständig Auto gefahren, wird man den rollenden Ball auf der Straße und das Risiko hinterherlaufender Kinder wie automatisch erkennen. Genauso erkennt ein Profi-Klavierspieler auf einen Blick, welche Noten er als nächstes spielen muss und schaut nicht ständig auf seine Finger. Im Gegensatz dazu wird ein Klavieranfänger mehr auf seine Hände blicken und mit den Augen zwischen Noten und Händen hin und her springen.[9]

Wir hatten also noch viel Arbeit vor uns. Was uns half, war die Zuversicht, dass etwas mehr Übung und Erfahrung automatisch Verbesserungen mit sich bringen würden.

2.2 Vorbereitung

> The key is not the will to win.
> Everybody has that. It is the will
> to prepare to win that is
> important.
>
> Bob Knight[8]

Es gab so viele Dinge, die wir den Kindern beibringen wollten – am besten alles gleichzeitig und sofort, aber das ist natürlich unmöglich. Eher unbewusst und ohne uns als Trainer intensiv abgestimmt zu haben, stellten wir drei Themen in den Mittelpunkt des Trainings: Unser Fokus lag auf **Spaß**, **Grundlagen** und **Einfachheit**. Damit wir im Training an den Grundlagen (Basics) arbeiten und gemeinsam Spaß haben konnten, mussten wir zunächst **klare Regeln** einführen und durchsetzen. Zu unseren Regeln gehörte beispielsweise, dass niemand mehr auf den Korb werfen durfte, wenn die Mannschaft zusammengerufen wurde. Wer sich nicht daran hielt, musste fünf Liegestütze machen. Wir zählten laut von fünf rückwärts, bei null mussten alle anwesend sein, mit dem Ball zwischen den Beinen. Das Herunterzählen ist übrigens eine hervorragende Methode für leise Übungsleiter, um die Aufmerksamkeit der Kinder zu gewinnen.

---

8 Bob Knight gehört mit über 900 Siegen zu den erfolgreichsten NCAA-Coaches aller Zeiten. Er wurde mit den Indiana Hoosiers 1976 ungeschlagen Meister und gewann später zwei weitere NCAA-Titel. Berüchtigt war er für seine Wutausbrüche, darunter das Werfen eines Stuhls (1985). 2000 entließ ihn die Indiana University, nachdem er einen Spieler gewürgt haben sollte. Weitere Trainerstationen waren die Army University und die Texas Tech. Knight setzte auf harte Disziplin, Motion Offense und gute Verteidigung, was ihm den Spitznamen „der General" einbrachte.

2.2.1 Klare Regeln

> Every leader needs to remember
> that a healthy respect for
> authority takes time to develop.
> It's like building trust. You don't
> instantly have trust, it has to be
> earned.
>
> Mike Krzyzewski (Coach K)

Zum Glück strahlte Lenja trotz ihres jungen Alters Ruhe aus und hatte ein gutes Ohr und Einfühlungsvermögen für die Kinder – während ich eher mittels Autorität versuchte, das Training zu führen. Vor vielen Jahren hatte ich eine U16-Mannschaft trainiert und konnte mich noch an meine eigenen Trainings erinnern, hauptsächlich in älteren Mannschaften, wo die Spieler schon ein paar Grundlagen gelernt hatten. Kurze Erklärungen, klare Ansagen – und die Übungen wurden umgesetzt. Wer keine Lust hatte, war schnell draußen. Ähnlich hatte ich es auch als Spieler an einer High School in den USA erlebt, wo Disziplin an erster Stelle stand. Ich war also nicht darauf vorbereitet, auch einfache Dinge immer wieder erklären zu müssen, dass die Hälfte der Spieler nicht oder nur teilweise zuhörte und dass Kinder auch einfach mal in der Halle herumtoben wollen. Wir haben im ersten Jahr nur einmal pro Woche trainiert, und oft genug saßen dabei drei bis vier Spieler mit Wehwehchen auf der Bank. Das machte sich auch im Fortschritt und in der Entwicklung der Kinder bemerkbar. Da insgesamt immer recht viele Kinder zum Training kamen, war es oft unruhig; und selbst wenn wir die Kids zum Abreagieren etwas laufen ließ, blieb ihre Konzentration schwach. Mit der Zeit lernten wir, dass eine Kombination aus Ruhe, Humor und gezielten Fragen die Aufmerksamkeit der

Kinder steigert. Später kam noch Musik hinzu – zunächst als Belohnung und als Untermalung einfacher Übungen. Durch die Musik schienen die Kinder weniger abgelenkt zu sein und zusätzliche Bewegungsenergie zu bekommen (siehe auch Kapitel 2.2.2). Sie kamen immer wieder mit unterschiedlichen Musikwünschen auf uns zu, unter'm Strich blieb es aber ein Mix aus (jugendfreien) Party- und Stimmungsliedern.

Gerade wegen der Teamgröße und der unterschiedlichen Charaktere waren klare Regeln für ein geordnetes Training unerlässlich. Natürlich musste dabei auch das Alter der Kinder berücksichtigt werden. Zu meiner Zeit an der Central High School in Baker, Louisiana, war es uns untersagt, uns während des Trainings mit den Händen auf den Knien abzustützen. Wenn der Trainer sprach, mussten wir aufrecht stehen. Bei schlechten Schulnoten verordnete uns der Coach zusätzliche Laufrunden und setzte sich mit den Lehrern zusammen, um Wege zur schulischen Verbesserung zu besprechen. Außerdem standen die folgenden Trainigserwartungen im Handzettel für jeden Spieler:

1. Sei pünktlich.

2. Erscheine zu jedem Training.

3. Sei ordentlich angezogen (u.a. weiße Socken, kein Schmuck, einheitliche Trainingsshirts, Hemden in der Hose).

4. Keine Schimpfwörter.

5. Nicht sitzen oder knien.

6. Trinke kein Wasser ohne die Erlaubnis des Trainers.

7. Schau den Trainer oder Mitspieler an, der redet.

8. Bei Pfiff: Bälle festhalten.

9. Schnell von Übung zu Übung wechseln.

10. Keine Diskussionen mit dem Trainer während des Trainings, dafür ist keine Zeit. Nach dem Training kann diskutiert werden.

Aber das war eine andere Welt. Zwar sind die meisten dieser zehn Erwartungen nicht sonderlich überraschend, für unsere Verhältnisse allerdings etwas übertrieben. Wir wollten weder eine lange Liste mit Regeln aufschreiben, noch uns die Flexibilität nehmen, auf besondere Situationen einzugehen. Wann Strenge und wann Nachsicht angebracht sind, erfordert ein gewisses Fingerspitzengefühl – denn wie schon Sun Tzu wusste:[9] „Die Kunst zu führen besteht darin, bei kleinen Verstößen nicht zu hart zu strafen und bei kleinen Zweifeln nicht zu schwanken. Unsicherheit und übergroße Strenge sind die sichersten Methoden, das Selbstvertauen einer Armee zu untergraben."[10]

Für unser U10-Team haben wir eine klare Trainingsroutine entwickelt: Zu Beginn dürfen die Spieler einige Minuten ungestört auf die Körbe werfen – bei guter Selbstorganisation gerne auch etwas länger. Ein lauter Pfiff signalisiert dann allen, die Bälle festzuhalten und sich im Mittelkreis zu versammeln. Die Bälle werden auf den Boden gelegt, niemand setzt sich hin. Nach einer kurzen Begrüßung starten wir direkt mit der ersten Übung. Obwohl viele aktuelle Empfehlungen zu Trainingsbeginn zehn Minuten für Ansprachen und mentale Aspekte vorsehen,

---

9 Sunzi, auch bekannt als Sun Tzu oder Sun Tsu, lebte vermutlich um 500 v. Chr. Er war ein chinesischer General, Militärstratege und Philosoph, der vor allem durch sein Werk „Die Kunst des Krieges" berühmt wurde. Die zitierte Passage stammt aus diesem Buch.[10] Es gilt als eines der einflussreichsten Werke der Militärstrategie und wird bis heute nicht nur im militärischen Bereich, sondern auch in zivilen Kontexten wie Wirtschaft und Politik angewendet.

verzichten wir bewusst auf lange Einleitungen. Die mentale Stärkung junger Spieler halten wir zwar für äußerst wichtig, setzen diese aber anders um. Nur bei umfangreicheren Besprechungen, etwa zu Konflikten oder Situationen aus dem letzten Spiel, setzen wir uns gemeinsam hin.

Als weitere Routine für das Warmmachen bei Spielen und als Übung beim Training haben wir eine Laufschule eingeführt, bei der die Spieler hintereinander um das Halbfeld bzw. diagonal durch das Halbfeld laufen und dabei unterschiedliche Bewegungsformen ausführen. Nach einiger Zeit konnten die Kinder diese Übung selbständig ausüben, wobei der vorderste Spieler die Bewegungsformen vorgab. Bei Spielen positionierten wir Trainer uns in zwei der Ecken, einerseits um sicherzustellen, dass die Kinder bis in die Ecken laufen und andererseits, um mit den Kinder abzuklatschen. Das motivierte sie zusätzlich.

Für das Training selbst stellten wir nur wenige Regeln auf: Etwa, dass die Bälle festgehalten werden, niemand quasselt und alle zuhören, wenn der Trainer spricht. Sind die Übungen erklärt und hat niemand Fragen, wird runtergezählt, bis sich die Spieler aufgestellt haben. Dauert das zu lange, wird die nächste Übung ohne Ball gemacht. Ansonsten achteten wir auf einen respektvollen Umgang der Spieler untereinander. Die Trinkflaschen werden hinter einer Bank deponiert, ansonsten haben unnötige Gegenstände – Spielzeug oder Ähnliches – in der Halle nichts zu suchen. Aus anderen Teams haben wir gehört, dass Kinder dort Handys oder Nintendos mitbringen. Bei uns ist das – zum Glück – nicht vorgekommen. Mehr Regeln brauchten wir erst einmal nicht. Wir wollten den Spielern möglichst viele Freiheiten lassen, um ihr Selbstvertrauen und Verantwortungsgefühl zu stärken. Zu viele Regeln bremsen die Spontanität und Eigendynamik des Teams.

Klare Regeln zu haben bedeutet allerdings nicht zwangsläufig, einen autoritären Trainingsstil zu pflegen oder eine rein erzieherische Trainingsatmosphäre zu schaffen. Dazu zwei – bewusst übertriebene – Beispiele:

1. Trainer A ist überzeugt, dass Menschen grundsätzlich schlecht sind und lediglich versuchen, sich mit wenig Aufwand durchzumogeln. Er führt mit einem transaktionalen Stil, der auf Bestrafungen und Belohnungen basiert. Sein Führungsverhalten zeichnet sich durch ein hohes Maß an Kontrolle und distanziert-autoritärem Auftreten gegenüber den Spielern aus. Hat ein Spieler Schwierigkeiten, vermutet er Faulheit oder mangelnde Vorbereitung und greift zu Strafen, anstatt die Ursachen zu ergründen.

2. Trainer B hingegen glaubt, dass Menschen grundsätzlich gut sind und stets ihr Bestes geben wollen. Er führt durch Empowerment, indem er den Spielern mehr Entscheidungsfreiheit und Kontrolle überträgt. Er setzt hohe Ziele und Standards, wobei Spieler und Trainer partnerschaftlich zusammenarbeiten. Bei Schwierigkeiten sucht er das Gespräch mit dem Spieler, stellt Fragen und versucht die Ursache zu finden statt Strafen zu verhängen.

Diese Trainingsstile haben unterschiedliche Auswirkungen auf die Motivation der Spieler. Ein Empowerment-Umfeld erhöht ihre Motivation und stärkt ihr Selbstbewusstsein sowie ihre Eigenverantwortung. Gleichzeitig fordert das Empowerment den Spielern Selbstdisziplin ab. Gerade jüngere Spieler brauchen aber auch Vorgaben. Für das Basketballtraining ist ein reines Schwarzweißdenken also nicht zielführend; es gibt keine absoluten oder perfekten Vorgehensweisen. Der Mittelweg ist wichtig:

Ein Kind sollte erkunden dürfen, aber auch eine gewisse Richtung haben – und der Spaß sollte immer im Vordergrund stehen (siehe auch das Kapitel 2.2.2).

Beim Training habe ich immer eine Pfeife aus meinen Schiedsrichtertagen dabei, eine Fox-40-Classic-Schiedsrichterpfeife. Wer sie kennt, weiß wie laut und durchdringend der Pfiff sein kann. Intuitiv drehen sich die Kinder um und es wird ruhig in der Halle. Es dauerte zwar ein paar Trainingseinheiten, aber dann war jedem klar – bei Pfiff: stoppen, Ball festhalten und zuhören. Auch Kinder, die neu in die Gruppe kommen, verstehen sofort, dass das Pfeifen ein Aufruf zur Ruhe und Aufmerksamkeit ist. Gleichzeitig hilft mir das beherzte Anpfeifen selbst, den größten Frust und Ärger abzulassen, bevor ich spreche. Die Pfeife zwingt mich, noch einmal durchzuatmen, bevor ich mit den Spielern rede. Doch eigentlich ist meine Pfeife ein Instrument zum Wachrütteln, ähnlich wie der „Keisaku" der Zen-Mönche: Der Keisaku wird auch der „Stock des Mitgefühls" genannt. Die Aufseher in der Meditationshalle schlagen meditierenden Schülern, die schlafen oder lustlos wirken, mit ihm auf die Schultern. Er dient dazu, dem Übenden zu helfen, Unkonzentriertheit, Unachtsamkeit, Schläfrigkeit und Verspannung zu überwinden und den Meditierenden anzuregen oder aufzumuntern. Das Geräusch des Keisaku-Schlags hat auch auf die anderen Teilnehmer einen aufrüttelnden Effekt. Genau wie eine Fox-40-Classic – nur leiser. In seinen elf Grundprinzipien der achtsamen Menschenführung (die „Jackson-Elf") sagt Phil Jackson, der legendäre Trainer der Chicago Bulls und Los Angeles Lakers: „Manchmal muss man den Stock rausholen"[3] und bezieht sich damit ebenfalls auf die Keisaku-Praxis. Natürlich hat er seine Spieler nie geschlagen, sondern immer wieder versucht, ihnen neue, überraschende Impulse zu geben, um sie wachzurütteln und ihr Bewusstsein zu schärfen. Das kann über einen Pfiff erfolgen, oder damit, besonders leise oder gar nicht zu sprechen – es ist ratsam, einfach mal auszuprobieren, was im Training funktioniert.[10]

Die Basis des Trainings sollte immer eine Kombination aus Spaß (siehe Kapitel 2.2.2) und klarer Grenzsetzung sein. Die Grenzen äußern sich z.b. darin, die Kinder konsequent auf Fehlverhalten hinzuweisen, Unsportlichkeiten, Respektlosigkeit und Beleidigungen sofort zu unterbinden, wiederholt auffällige Spieler auch mal aussetzen zu lassen, von ihren Wunschübungen auszuschließen und im Extremfall ihre Eltern anzurufen und die Störer abholen zu lassen.

Natürlich kam es auch bei uns vor, dass Kinder sich ärgerten, drängelten, schubsten oder sich gegenseitig Streiche spielten, indem sie z.b. ihre Trinkflaschen verstecken. Als es wiederholt dazu kam, dass persönliche Gegenstände in der Umkleide versteckt wurden, haben wir die Kabinen abgeschlossen und uns an die Eltern gewendet:

> *Da jetzt mehrfach Sachen in der Umkleidekabine versteckt oder nass gemacht wurden und wir uns ziemlich darüber ärgern, werden wir die Kabinen nach dem Umziehen abschließen. Wir hoffen, dass es in Zukunft nicht mehr zu solchen Vorfällen kommt und wünschen euch ein schönes Wochenende.*

Danach war die Sache erledigt und dergleichen kam nicht wieder vor – auch nicht, als wir später nachlässiger mit dem Abschließen der Kabinen wurden. Eine weitere Situation ist uns

---

10 Bei einem Minitrainer-Lehrgang empfanden einige Teilnehmer eine Pfeife als zu autoritär oder militärisch und empfahlen stattdessen rhythmisches Klatschen, um die Kinder zu sammeln und ihre Aufmerksamkeit einzufordern. In jedem Fall sollte man klar mit den Kindern kommunizieren, was man erwartet, wenn man pfeift, ruft oder klatscht, sich für eine Variante entscheiden und diese dann beibehalten.

ebenfalls im Gedächtnis geblieben: Eine Mutter wies uns darauf hin, dass ihr Sohn immer wieder gehänselt werde. Das war uns bis dahin nicht aufgefallen und überraschte uns sehr. Nach dem nächsten Spiel standen wir vor der Umkleidekabine und hörten, wie enige Mitspieler den Jungen lautstark beleidigten. Ausgerechnet Spieler, von denen wir es am wenigsten erwartet hätten. Wütend stürmten wir die Kabine und hielten eine kurze Standpauke vor versammelter Mannschaft. Die Kinder hatten nicht damit gerechnet, dass wir sie gehört haben könnten und waren sichtlich verlegen. Danach kehrte Ruhe im Team ein und der Umgang miteinander verbesserte sich spürbar. Auch in den nächsten Trainingseinheiten und beim Umziehen vor und nach den Trainings hatten wir ein Auge auf mögliche weitere Konflikte, aber es blieb ruhig – na ja: So ruhig, wie es für Zehnjährige beim Sport eben üblich ist. Die Kinder hatten begriffen, dass wir Trainer großen Wert auf Respekt legten.

Streitereien und Beleidigungen können passieren, sollten aber sofort angesprochen und unterbunden werden. Das gilt sowohl für Respektlosigkeiten im Team oder dem Trainer gegenüber als auch für mangelnden Respekt vor den Gegnern, Schiedsrichtern oder Zuschauern. Dass man sich nach einem Korb freut und jubelt ist vollkommen in Ordnung, aber unfaire Gesten in Richtung der Gegner oder Zuschauer haben wir nicht zugelassen. Solche Dinge beeinträchtigen die Konzentration und sind eine unnötige Provokation. Bei einem regulären Spiel würde man die Spieler in solchen Situationen auswechseln oder eine kurze Auszeit nehmen – bloß ist das beim Minibasketball (leider) nicht möglich. Aber wir haben den Kindern spätestens am Ende des Achtels stets deutlich gemacht, das wir uns voll auf das Spiel konzentrieren und keine entsprechenden Gesten sehen wollen.

Mit dem eigenen Verhalten ist man, insbesondere als Trainer, ein Vorbild für die Spieler. Daher sollte man den Respekt, den man von den Kindern einfordert, auch vorleben. Smith und Smoll (1996) beschreiben die Verhaltensweisen eines Trainers ausführlich und empfehlen fünf Regeln für das Trainerverhalten im Kinder- und Jugendsport (zitiert nach [7]):

- Definiere Leistung nicht ausschließlich als Gewinnen und Siegen, sondern auch dadurch, das Beste zu geben, sich maximal anzustrengen und sich zu verbessern.

- Schaffe eine angenehme Trainingsatmosphäre durch positive Bekräftigung von individuellen und kollektiven Leistungen, erwünschtem sozialen Verhalten sowie durch Ermutigung, Unterweisung und Instruktionen zum Handeln.

- Betone positive Gruppenverhaltensweisen wie gegenseitige Unterstützung, Hilfeleistung und Zusammenhalt.

- Stelle Verhaltensregeln und Verantwortlichkeiten für das Team auf.

- Prüfe, ob dein eigenes Verhalten als Trainer den angestrebten Prinzipien entspricht.

Eine weitere wichtige Gruppe, die man zur Einhaltung von Regeln und als Unterstützer einbeziehen sollte, sind die Eltern. Wir hatten eine tolle Elternschaft, die ihre Kinder stets unterstützte. Die Art und Weise, wie Eltern miteinander umgehen und respektvoll kommunizieren, beeinflusst maßgeblich das Verhalten der Kinder. Leidenschaft zu haben, gewinnen zu wollen und das Beste für das eigene Kind anzustreben, ist großartig. Entscheidend ist jedoch, wie und wann wir diese Emotionen zum Ausdruck bringen. Dabei geht es sowohl darum, wie man die Kinder während des Spiels unterstützt, als auch darum, wie man nach dem Spiel oder Training auf die Kinder eingeht. Die folgenden an die Eltern gerichteten Ratschläge sind an Empfehlungen der Positive Coaching Alliance (PCA) angelehnt.[11] Teilt diese im Vorfeld mit den Eltern und sprecht sie auf ihre Vorbildfunktion an:

- Lassen Sie die Trainer trainieren:
  Es ist nicht hilfreich, wenn Eltern mit dem Trainer über Spielzeit, Teamstrategie oder Spielzüge sprechen. Es kann für Spieler verwirrend sein, wenn Eltern von der Seitenlinie aus Tipps, Taktiken und Anweisungen hereinrufen. Alleine schon, weil Kinder sich dann immer wieder zu ihren Eltern drehen und nicht voll auf das Spiel konzentriert sind.[11]

- Ermutigen Sie Ihr Kind:
  Helfen Sie Ihrem Kind, die Bedeutung von Sportgeist zu lernen, indem Sie mit ihm darüber sprechen und ihm zeigen und vorleben, was Sportgeist ist. Z.B. indem Sie es und seine Teamkollegen anfeuern und den Gegnern Respekt entgegenbringen.

- Behalten Sie den Überblick:
  Achten Sie auf das Spiel, aber denken Sie daran, dass Basketball auch nicht mehr ist als ein Spiel. Es soll allen Beteiligten Spaß machen und Freude bereiten. Oder, um es mit Roger Federer[12] zu sagen: „Life is bigger than the court."[13]

---

11 Anschaulich beschreibt es Coach Steve Kerr von den Golden State Warriors für die PCA in einem Interview: „Sports Parents Advice", `https://www.youtube.com/watch?v=O1ozcAkPtGU` [12]

12 Roger Federer ist ein ehemaliger Schweizer Tennisspieler. Er wird oft als einer der besten Tennisspieler aller Zeiten bezeichnet, belegte insgesamt 310 Wochen lang Platz eins der ATP-Weltrangliste und gewann 20 Grand-Slam-Titel. Federer wird für seine sportliche Größe, seine Fair-

- Meckern Sie nicht mit oder über die Schiedsrichter: Streitereien mit oder negative Äußerungen gegenüber den Schiedsrichtern ändern nichts an deren Entscheidungen, sie verhelfen der Mannschaft Ihres Kindes nicht zum Sieg und machen Ihr Kind nicht stolz. Gleichzeitig bieten Sie Ihrem Kind damit kein gutes Vorbild.

Den Erfahrungen von Jesse Mermuys zufolge, dem Assistenztrainer der Orlando Magic, neigen Spieler dazu, sich selbst mehr Druck zu machen als nötig.[13] Ähnliches haben wir später auch bei unserer Mannschaft beobachtet, als z.B. ein Kind nach dem ersten Achtel weinte, weil es dachte, es hätte schlecht gespielt. Ein anderes Kind wollte nicht mehr weiterspielen, als es einen Korbleger verfehlt hatte. (In Kapitel 3.3.2 gehen wir näher auf diese Umstände ein.) Da die Kinder sich selbst bereits so viel Druck machen, rät Mermuys Eltern und Trainern, den Druck, den sie auf einen Sportler ausüben, zu begrenzen. Wenn Eltern auf der Tribüne sitzen, ihren Kindern einfach beim Spielen zusehen und nach dem Spiel ein paar positive Kommentare abgeben, spielen die Kinder tendenziell mit mehr Freude, machen weniger Fehler und zeigen bessere Leistungen. Je besser Trainer und Eltern den Druck reduzieren, desto wahrscheinlicher ist es, dass die Kinder gute Leistungen erbringen.[14]

---

ness und seine globale Popularität gefeiert. Neben seinen Leistungen auf dem Platz hat er über die Roger Federer Foundation Millionen Kindern in Not geholfen.

13 Vor seinem Wechsel zu den Magic (2021) war Mermuys Assistenztrainer bei den Sacramento Kings (2019–2021) und den Los Angeles Lakers (2016–2019). Zuvor leitete er als Cheftrainer die Raptors 905 (2015–2016), das D-League-Team der Toronto Raptors. Seine Karriere umfasst außerdem Stationen als Assistenztrainer bei den Toronto Raptors (2013–2016) und den Houston Rockets (2012–2013), wo er auch als Director of Player Personnel tätig war.

Gebt den Kindern nach einer Niederlage Zeit, ihre Gefühle zu verarbeiten. Eltern sollten behutsam fragen, ob ihr Kind über das Spiel sprechen möchte. Falls nicht, sollten sie dies respektieren. Anstatt nach der Leistung des eigenen Kindes zu fragen, sollten Eltern sich nach positiven Aspekten des Spiels erkundigen, etwa nach guten Aktionen von Mitspielern oder Gegnern. Auf keinen Fall sollten Eltern der Versuchung nachgeben, ihr Kind auf der Heimfahrt zu kritisieren. Wenn das Kind bereit ist zu sprechen, sollten die Eltern aufmerksam zuhören. Als Erwachsener stärkt man das Selbstwertgefühl des Kindes mit Aussagen wie *„Ich weiß, dass du von dieser Niederlage enttäuscht bist, aber ihr habt alles gegeben und habt euch wieder verbessert."* Nach einem Training oder einem Spiel motivieren aufrichtiges und spezifisches Lob, z.B.: *„Ich bin stolz darauf, wie du deinem Teamkollegen nach dem Foul geholfen hast."* Wenn Probleme auftreten, z.B. wenn Kinder sich mehr Spielzeit wünschen, sollten Eltern ihr Kind ermutigen, dies direkt mit dem Coach zu besprechen: *„Was kann ich tun, um besser zu werden und mehr Spielzeit zu bekommen?"* Eltern sollten ihre Kinder auf Schritt und Tritt wissen lassen, dass sie sie bedingungslos lieben, unabhängig von ihrer sportlichen Leistung.

Auch in der Präambel der Minibasketball-Regeln des DBB heißt es: „Innerhalb und außerhalb der Halle sollten sich hier alle ihrer Vorbildrolle für die Kinder bewusst sein.[14] Eine kindgerechte, positive und ermutigende Atmosphäre rund um das Spiel erlaubt unseren Kindern im Minibasketball eine Fokussierung auf das Spiel, die eigene Rolle und den Spaß am gemeinsamen Wettkampf. Es ist die Aufgabe der Erwachsenen, diese Atmosphäre für **alle am jeweiligen Spiel beteiligten Kin-**

---

14 Wie sich Eltern nicht verhalten sollten, hat die Washington Post in ihrem YouTube-Video ‚Don't be ‚that' sports parent' anschaulich dargestellt: `https://www.youtube.com/watch?v=-rtWYjoa_Rs` [15]

der herzustellen und zu gewährleisten. Nur so können sich alle Kinder sportlich und als Persönlichkeit in einem fairen und altersgemäßen Wettkampf weiterentwickeln – und nur dieser Entwicklung soll der Wettkampf in diesen Altersklassen dienen. ,**Es gilt daher auch für dieses Regelwerk der Grundsatz ,Erlebnis vor Ergebnis'. [...] Es gilt das Spiel und den Regeleinsatz jeweils an die Kinder anzupassen und nicht umgekehrt! Das Verständnis als Team fordert aber auch von den Trainern einen entsprechend respektvollen Umgang miteinander und mit den Schiedsrichtern. Auch hier sollten die Eltern und Zuschauenden unbedingt mit eingebunden werden und diese respektvolle Atmosphäre ebenfalls mittragen.'"** [8]

Selbst auf den unteren Spielebenen und in jungen Jahrgängen können Basketballspiele – genau wie Wettkämpfe in anderen Sportarten – hitzig werden. Du solltest dich als Trainer unter allen Umständen wie ein verantwortungsbewusster Erwachsener verhalten. Das bedeutet, dass du dein Temperament unter Kontrolle halten musst, auch wenn du weißt, dass du in einer bestimmten Situation Recht hast. Dein Umgang mit Spielern der eigenen und der gegnerischen Mannschaft, Schiedsrichtern, anderen Eltern, dem Kampfgericht und allen anwesenden Personen dient als Beispiel und Vorbild. Daher solltest du in allen Situationen Zurückhaltung (Demut) üben.

Wir hatten weder eine perfekte Lösung für alle Herausforderungen parat, noch einen ausgearbeiteten Plan oder schriftlich fixierte Regeln. Viele Verhaltensweisen und der Umgang mit unterschiedlichen Spielertypen entwickelten sich erst mit der Zeit. Es war faszinierend zu beobachten, wie das gegenseitige Verständnis wuchs – sowohl zwischen Trainern und Team als auch unter den Spielern – und damit auch das allgemeine Verhalten und die Offenheit reiften.

2.2.2 Freude

The carrot is mightier than a stick.

John Wooden[15]

In den ersten Trainingswochen wünschten sich die Kinder ständig Spiele wie Chinesische Mauer oder Goldener Hirsch, die – so dachten wir zumindest damals darüber – wenig mit Basketballgrundlagen zu tun hatten. Warum wollen Kinder, die doch eigentlich Basketball lernen möchten, Fangspiele spielen? Wir haben viele dieser Wunschspiele zunächst als lockernden Einschub zwischen basketballtechnische Übungen gelegt. Erst später ist uns bewusst geworden, dass derlei Spiele wichtige Aspekte schulen, die auch beim Basketball entscheidend sind, etwa die Feldübersicht und bestimmte Bewegungsabläufe.[9],[16] Eigentlich hatten wir vor diese Spiele im Training nach und nach zurückzufahren, haben das aber wieder verworfen, weil sie die Konzentration und die Motivation spürbar gesteigert und zu mehr Bewegung im Training geführt haben. Am wichtigsten ist am Ende, dass die Kinder motiviert und mit Freude dabei sind. Brad Stevens, der President of Basketball Operations der Boston Celtics, beschreibt es so: „Der wichtigste Aspekt des Jugendsports besteht darin, die Leidenschaft für das Spiel zu fördern, sodass Kinder sich für die Sportarten begeistern, die sie

---

15 John Wooden, geboren 1910 in Indiana, war 27 Jahre lang Trainer an der University of California, Los Angeles (UCLA) und gewann dort zehn NCAA-Meisterschaften, darunter eine Serie von sieben aufeinanderfolgenden Titeln (1967–1973). Er trainierte u.a. die späteren NBA-Stars Bill Walton und Kareem Abdul-Jabbar.

ausüben."[16][17] Das gilt besonders bei jüngeren Teams. Dabei gibt es sehr unterschiedliche Arten, Spaß zu vermitteln. Zum Beispiel liebe ich die Schlagfertigkeit und den Wortwitz, den manche Trainerkollegen im Training anwenden. Lustige Bemerkungen wie „Du spielst wohl gerade Sterntaler?" oder „Bist du beim Blumenpflücken?" gegenüber unaufmerksamen Spielern lockern das Training auf und spornen gleichzeitig an. Solche Sprüche müssen allerdings im richtigen Ton vorgebracht werden – sonst können sie zu Frustration führen. Deswegen ist es umso wichtiger, als Trainer seinen eigenen Weg zu finden, anstatt zu versuchen, andere nachzuahmen.

Damit Kinder auch auf Dauer gerne zum Training kommen, müssen sie Freude daran empfinden. Während Spaß ein eher kurzweiliges Vergnügen bezeichnet, beschreibt Freude ein tieferes, länger anhaltendes Gefühl. Im Folgenden wollen wir keine strenge Unterscheidung zwischen den Begriffen machen, sondern primär die Wichtigkeit beider positiver Emotionen aufzeigen. Im Leitfaden des DBB für das Training mit Kindern und Jugendlichen werden die „Freude am Ballspiel" und der „Spaß an der Bewegung" als erste Ziele für die U10 benannt.[5] Sie sollen im Mittelpunkt stehen, damit die Kinder länger und stärker motiviert sind und sich über die Jahre auch in den höheren Altersklassen nachhaltig weiterentwickeln.

Die Bedeutung des Wohlfühlfaktors beim Training war uns anfangs nicht bewusst. Einerseits, weil wir den Spaß nicht als Teil des Trainings auf dem Schirm hatten. Andererseits war uns nicht klar, wie viel einfacher Freundschaften entstehen und wie viel aktiver die Spieler beim Training sind, wenn sie sich wohlfühlen. Es ist offensichtlich, dass das Wohlbefinden einen positi-

---

16 Im Original sagt er: „The most central aspect of youth sports is to promote passion for the game so kids are excited about the sports they play."[17]

ven Einfluss auf den Lernerfolg hat. Im Laufe des ersten Jahres kamen die Kinder immer mehr aus sich heraus und entwickelten ein gesteigertes Selbstvertrauen – besonders deutlich war das bei den ruhigeren, zurückhaltenderen Spielern zu beobachten. Jeder entwickelte sich auf seine eigene Weise und entdeckte seine individuellen Stärken. So konnte jedes Kind eine besondere Aufgabe erhalten, die es mit großer Freude anging. Das brachte viele positive Aspekte mit sich – aber auch vermeintlich negative Auswirkungen: Das Training wurde lauter, die Kinder redeten mehr und traten uns Trainern gegenüber mit einem größeren Selbstbewusstsein auf. Mit dieser neuen Dynamik umzugehen wurde zu einer wichtigen Lernaufgabe für uns Coaches.

Neben der langfristigen Motivation begünstigt ein freudvolles Training auch den Abbau von Stress und Konflikten und steigert die Aufmerksamkeit der Spieler – „das Gehirn achtet nicht auf langweilige Dinge", wie es Hirnforscher John Medina treffend zuspitzt. Gleichzeitig hilft der Spaß auch beim Lernen: „Der Mensch ist dafür geschaffen, sich über Dinge zu freuen, die die Entwicklung des Gehirns fördern. Darum suchen wir auch ganz natürlich nach Empfindungen, die uns helfen können, unser Gehirn zu ordnen. [...] Darum lieben sie [die Kinder] zu laufen, zu springen und auf Spielplätzen oder am Strand zu spielen. Sie möchten sich bewegen, weil das Erlebnis der Bewegung ihr Gehirn stimuliert und es mit ‚Nahrung' versorgt."[18] (S. 11). In den letzten Jahren hat sich auch die Erkenntnis durchgesetzt, dass Spaß ein wichtiges Element von erfolgreichem Management ist. Gemeinsames Lachen und Humor haben viele positive Effekte:[19],[20]

- Humor im Training macht uns als Trainer einflussreicher, indem er Vertrauen schafft.

- Er erleichtert anderen sich zu öffnen, sich wohlzufühlen und stärkt damit den Zusammenhalt.

- Er verbessert das emotionale, geistige und körperliche Wohlbefinden – also die Gesundheit – und macht uns widerstandsfähiger in schwierigen Zeiten.

- Er verbessert infolge der Dopamin-Ausschüttung das Gedächtnis, die Informationsverarbeitung im Gehirn und die Kreativität.

- Er fungiert als Brücke zu anderen Menschen: Wenn wir lachen, schüttet der Körper Oxytocin aus, ein Hormon, das soziale Bindungen fördert, das Vertrauen stärkt und die Selbstoffenbarung beschleunigt.[19]

Zu lachen und Spaß zu haben ist also enorm gut für uns – nicht nur für unsere emotionale und geistige, sondern auch für unsere körperliche Gesundheit.

Eine Empfindungsebene über dem kurzfristigen Spaß und der langfristigen Freunde liegt die *Begeisterung (Enthusiasmus)*. Sie bezeichnet die Euphorie, die man empfindet, weil man Spaß an einer Sache hat. Begeisterung bzw. Enthusiasmus ist ein Zustand freudiger Erregung: Die Flamme, die die harte Arbeit und das Engagement antreibt; die Freude, mit der man trainiert und im Spiel sein Bestes gibt. Wenn man für etwas brennt, ist man motiviert und geht an seine Grenzen. Wer einer Tätigkeit mit großer Begeisterung nachgeht, dem fällt es leichter und er erzielt bessere Ergebnisse. Begeisterung ist daher eine wichtige Triebfeder für Erfolg und Zufriedenheit. Gleichzeitig färbt Begeisterung ab: von einem auf die anderen Spieler, vom Spieler auf den Trainer und manchmal auch vom Trainer auf die Mannschaft.

Eine Grundvoraussetzung, die man als Trainer mitbringen sollte, damit die Kinder Spaß haben können, ist eine positive Einstellung zum Training. Das fängt damit an, dass man sich über kleine Dinge freuen und die Freude teilen kann – und eine gesunde Portion Selbstironie hilft natürlich ebenso. Am Anfang haben wir die Kinder sehr viel gelobt, allerdings oft wenig konkret mit allgemeinen Wendungen wie „gut gemacht". Je besser wir die Kinder kennenlernten, desto spezifischer konnten wir das Lob formulieren. Präzise Beispiele und Ratschläge für die Kommunikation mit Spielern sind in Kapitel 2.2.4 und speziell in den Tabellen zum Trainerverhalten (Tabellen 2.5, 2.6, 2.7 und 2.8) sowie zum Feedback (Tabellen 2.10, 2.11 und 2.12) beschrieben.

Was hat uns geholfen, beim Training Spaß zu haben? Sicherlich eine Kombination aus klaren Regeln, Flexibilität, Gelassenheit, Natürlichkeit, Musik und Emotionen. Wir setzten emotionale Bilder ein, die positive Gefühlslagen bei den Spielern hervorriefen, ließen ihre eigenen Emotionen zu und erkannten Lustlosigkeit frühzeitig. Dazu ein paar Beispiele:

Positive Emotionen: Eine positive Atmosphäre entsteht durch deine eigene Einstellung und ein fröhliches Auftreten. Blende negative Emotionen aus, sobald du die Halle betrittst – egal wie stressig die Arbeit war oder welche Probleme zu Hause warten: Zeige deine Freude am Training. Humor überträgt positive Emotionen auf die Spieler. Entscheidend sind dabei deine Wortwahl und dein persönliches Auftreten. Einen verträumten Spieler mit „Wir sind nicht hier zum Blumenpflücken" anzusprechen, verdeutlicht ein ernstes Anliegen und wirkt mit der richtigen Tonalität trotzdem humorvoll. Bleibe dabei authentisch. Wenn du kein Witzeerzähler bist, versuche nicht, einer zu werden. Übe dich lieber darin, du selbst zu sein.[19] Der Journalist Eric Sevareid betont, wie wichtig Humor in Situationen ist, in denen man eine Führungsposition innehat: „Neben Macht ohne Ehre

ist Macht ohne Humor das Gefährlichste auf der Welt."[17] [21]
Grundsätzlich solltest du als Trainer, besonders wenn du die
Kinder noch nicht lange kennst, auf Witze verzichten, die als
anstößig empfunden werden könnten. Vermeide speziell stereo-
type Narrative, Neckereien und Spott.

Selbstironie: Bei dem jährlich stattfindenden dreitägigen Mini-
Basketball-Camp helfen viele ehemalige Spieler freiwillig mit,
obwohl sie keine ausgebildeten Trainer sind. Einer von ihnen,
Marcel, trainierte am ersten Nachmittag eine Gruppe von zehn
U10-Spielern in einem Abschnitt der Dreifachsporthalle. Zufäl-
lig befand ich mich im Nachbardrittel und hörte lautes Lachen.
Neugierig schob ich den Trennvorhang zur Seite und beobach-
tete das Training. Marcel saß zwischen den Spielern auf einer
Bank, hatte einen bunten Kegel über jedes Ohr gestülpt und
balancierte einen weiteren auf dem Kopf. Gleichzeitig lief eine
Dribbelstaffel, und alle Kinder hatten sichtlich Spaß.

Selbstironie macht Übungsleiter nahbarer, schafft Verbindun-
gen zu den Spielern und lässt die Person, die sich selbst auf die
Schippe nimmt, souveräner wirken: Wer es sich leisten kann,
über sich selbst zu lachen, muss von seinen Fähigkeiten überzeugt sein. Gleichzeitig signalisiert der Trainer den Kindern,
dass auch sie Humor zeigen dürfen.[19] Einfach mal den Mut
haben, sich selbst zum Clown zu machen.

Spaß betonen: Wir haben zu Beginn jeden Trainings an die
drei Kernwerte unserer Mannschaft erinnert: (1) Spaß (an erster Stelle!), (2) Lernen (mit vollem Einsatz) und (3) Kommunikation. Meist starteten wir mit der Frage: „Was sind die drei
wichtigsten Dinge im Training?" Diese Frage wiederholten wir
gezielt bei Unterbrechungen, wenn etwas nicht klappte oder es

---

17 Im Englischen schreibt er: „Next to power without honor, the most
dangerous thing in the world is power without humor."[21]

Konflikte gab. Auch bei Spielen betonten wir stets, dass der Spaß wichtiger ist als das Ergebnis. Es klingt selbstverständlich, aber das regelmäßige Wiederholen und Erinnern an die Bedeutung des Spaßes hat sich bewährt.

Musik: Freitags trainierten wir in einem Teil einer Dreifachsporthalle. Neben uns fand ein Individualtraining einzelner U18-Spieler statt. Dabei war oft Rap-Musik zu hören. Immer, wenn wir rüberspähten, machte es den Eindruck, als würde die Musik die Spieler motivieren – das wollten wir auch probieren. Bei nächster Gelegenheit brachten wir eine Musikbox mit und stellen eine Playlist mit schnellen Dance-Liedern zusammen. In den Wochen darauf starteten wir gelegentlich mit lauter Musik ins Training.

Interessanterweise greifen auch einige Profi-Sportteams auf Musik zurück. Zum Beispiel die Seattle Seahawks aus der NFL: Deren Trainer Pete Carroll[18] beschreibt, dass die Musik dem Training einen Rhythmus verleiht, der die Spieler motiviert, ihre Energie und den Spaßfaktor erhöht. Gleichzeitig ist die Musik eine Ablenkung, wie sie in Spielen durch lärmende Zuschauer und die allgemeine Geräuschkulisse entsteht. Eine höhere Lautstärke erfordert mehr Konzentration. Die Musik bereitet die Spieler auf Spielsituationen vor und regt dazu an, sich stärker zu fokussieren. Wie Pete Carroll sagt: „Sie [die Musik] hilft uns in vielerlei Hinsicht und es macht einfach mehr Spaß."[19][22]

---

18 Der Footballtrainer Pete Carroll (geb. 1951) ist bekannt für seine energiegeladene Coaching-Philosophie, seinen positiven Führungsstil und seine Erfolge auf College- und NFL-Ebene. Carroll führte die Seattle Seahawks 2013 zum Super-Bowl-Sieg und gehört zu den wenigen Trainern, die sowohl eine College National Championship gewonnen haben (mit USC 2003 und 2004) als auch einen Super Bowl (mit den Seahawks 2013).

19 Im Original: „It helps us in a lot of ways and is just more fun."[22]

Konstruktiver Umgang mit Fehlern: „Wenn Sie Spieler für Fehler bestrafen, schaffen Sie eine Umgebung extremer Vorsicht." (John Wooden) Die Art und Weise, wie ein Trainer auf Fehler reagiert und welches Feedback er gibt, bestimmen, ob die Trainingsumgebung eher erzieherisch oder lernorientiert ist. Kinder machen nicht absichtlich Fehler. Es gibt einen Unterschied zwischen versehentlichen Fehlern und bewusst falschem Verhalten, das natürlich Konsequenzen nach sich ziehen sollte. Die wichtigsten Gründe für Fehler sind:[16]

- Kinder haben etwas nicht verstanden;

- Kinder sind noch nicht gut genug, um das Geforderte korrekt auszuführen; oder

- Kinder haben kein Interesse, es kümmert sie einfach nicht.

Wenn Kinder etwas nicht verstehen, ist das zunächst ein Fehler des Trainers. Sind die Kinder noch nicht gut genug, brauchen sie mehr Übung. Haben die Kinder kein Interesse, muss man an der Motivation arbeiten. Daher sollte ein Trainer Bestrafungen vermeiden, auf seine Körpersprache achten, nicht abwertend oder frustriert reagieren und versuchen die Fehler als Lernmomente zu nutzen (siehe auch die Kapitel 2.2.4 und 3.3.2). Wir haben immer versucht die Kinder zu ermutigen, ihnen zu helfen ihre Fehler zu erkennen und daraus zu lernen. Es gibt kein Lernen ohne Fehler. Michael Jordan soll gesagt haben: „*Ich kann Versagen akzeptieren, jeder scheitert mal. Aber ich kann nicht akzeptieren, es nicht zu versuchen.*"[20]
Dieser positive Umgang mit Fehlern reduziert den Druck, den Kinder im Training und im Spiel verspüren, und motiviert gleichzeitig. Wenn Spieler keine Fehler machen, üben sie auf

---

20 Engl.: „I can accept failure, everyone fails at something. But I can't accept not trying."

einem Niveau, das sie bereits gemeistert haben. Die Herausforderung besteht darin, den „Sweet Spot" zu finden, auch Zone der nächsten Entwicklung genannt, in dem die Kinder einerseits Aktionen weitgehend erfolgreich ausführen können, aber immer noch Fehler machen. Die Mehrheit des Trainings sollte in diesem Bereich stattfinden.[21][16] Scheitern ist Teil des Lernens (siehe Kapitel 2.4).

Denke stets daran, dass du Kinder trainierst. Junge Menschen brauchen Anleitung, aber sie brauchen auch die Freiheit, Fehler zu machen. Deine Rolle als Trainer ist es, Spieler anzuleiten und ihnen dann zu helfen, aus ihren Fehlern zu lernen. Erwarte von Spielern nicht, dass sie makellos spielen – gestehe ihnen Fehler zu. Dieser Ansatz erfordert viel Geduld, verbessert aber die langfristige Spieler- und Teamentwicklung. Mangelnde Anstrengung ist ein Grund, als Coach einzuschreiten, aber an ungenügenden Fähigkeiten oder fehlendem Verständnis kann ich als Trainer mit den Kindern arbeiten. Wir haben immer versucht den Spie-

---

21 Daniel Coyle, Autor von „The Culture Code", beschreibt in seinem Blogartikel „How to Fail Smarter: The Goldilocks Rule"[23] drei Arten von Fehlerzonen: (1) Die Komfortzon – in diesem Bereich sind Sie in 90 Prozent der Fälle erfolgreich. Sie haben alles unter Kontrolle, sind entspannt und selbstbewusst. Sie überschreiten Ihre aktuellen Fähigkeiten nicht, sondern bewegen sich innerhalb dieser. Sie sind wie ein fortgeschrittener Skifahrer auf einer Anfängerpiste und fahren die Kurven mit Leichtigkeit und Anmut. (2) Die Thrash Zone – hier scheitert man in mehr als 50 Prozent der Versuche. Wenn es einem gelingt, liegt das meist daran, dass man Glück hat. Man verhält sich wie ein Skianfänger, der sich eine steile Expertenpiste hinunterkämpft: Gelegentlich gelingt einem vielleicht eine gute Kurve, aber häufiger versucht man einfach, heil unten anzukommen. (3) Der Sweet Spot – hier befinden Sie sich zwischen Wohlfühlen und Scheitern. Sie geben sich die größte Mühe und sind in 60 bis 80 Prozent der Fälle erfolgreich. Sie scheitern, aber Sie passen auf und lernen aus jedem Fehler. Eine Möglichkeit, in diesen Bereich zu gelangen, ist die individuelle Bezugsnormorientierung (IBNO)

lern klarzumachen, dass es beim sportlichen Wettkampf letztlich darum geht, zu lernen, Spaß zu haben und sich in dem, was man tut, zu verbessern. Das bedeutet positiv auf Fehler zu reagieren und sie als Anlass zu nehmen, aus ihnen zu lernen. (Wir greifen das Thema Umgang mit Fehlern in Kapitel 3.3.2 noch einmal auf.)

Graham Betchart, Mentaltrainer für Spitzensportler, betont die Bedeutung positiver Verstärkung. Diese anzuwenden ist einfach, wenn etwas geklappt hat, doch er empfiehlt, sie auch bei Fehlern einzusetzen. Besonders wichtig sei es, genau in dem Moment positiv zu verstärken, wenn der Fehler auftritt. Trainer sollten fördern, dass ihre Spieler konstruktiv mit Fehlern umgehen. Wenn ein Kind nach einem Fehler direkt weiterspielt, verdient es dafür Lob. Beobachte, wie die Spieler auf Fehler reagieren, und unterstütze ihre Bemühungen, sich zu verbessern – etwa mit Worten wie „Versuch es nochmal" oder „Guter Versuch". Athleten sollten sich von kleinen Rückschlägen nicht entmutigen lassen und kontinuierlich an ihrer Verbesserung arbeiten. [22][24]

Viele dieser Ansätze, um mehr Spaß im Training zu erreichen, haben wir bei anderen Trainern und in deren Übungseinheiten abgeschaut. Nach und nach haben wir versucht, sie in unserem Training auszuprobieren – manches mit Erfolg, anderes haben wir verworfen. Man muss seinen eigenen passenden Weg finden – nicht alles, was mit der einen Mannschaft funktioniert, kommt bei der anderen genauso gut an. Vieles ist situationsabhängig; es gibt kein Patentrezept. Im Bestreben nach ständiger

---

22 Graham Betchart ist Leiter des Mentaltrainings bei Lucid Performance Inc. Er ist auch Mentaltrainer für viele Spitzensportler, darunter mehrere College- und Profi-Basketballspieler. Er hat mit dem Nr.-1-Draftpick der drei NBA-Drafts gearbeitet ('14, '15, '16), der NBA Player's Association, USA Basketball und vielen anderen Organisationen.

Verbesserung haben wir viel über uns und unseren Umgang mit den Spielern gelernt. Es dauert, bis Team und Trainer sich aufeinander eingestellt haben – aber dann kann der Spaß richtig losgehen.

2.2.3 Grundlagen und Einfachheit

> I fear not the man who has practiced 10.000 kicks once, but I fear the man who has practiced one kick 10.000 times.
>
> Bruce Lee[23]

Ein guter Koch hat viele Fertigkeiten in der Küche, etwa das schnelle und präzise Schneiden von Gemüse oder das punktgenaue Anbraten von Speisen. Dieses Können muss sich der Koch mit viel Übung, Ausprobieren und Wiederholungen erarbeiten. Genauso muss auch ein Basketballspieler die grundlegenden Techniken und Fertigkeiten erlernen, vom Dribbeln bis zur Teamverteidigung. Es braucht viel Zeit, diese Bewegungsabläufe zu verinnerlichen, zu automatisieren und perfektionieren. Kobe Bryant soll gesagt haben: *„Wenn du ein besserer Spieler werden möchtest, musst du dich vorbereiten, vorbereiten und noch mehr vorbereiten."*[24]

---

23 Bruce Lee (1940–1973) war ein Kampfkünstler und Schauspieler. Seine Filme machten Kung-Fu weltweit populär. Er unterrichtete u.a. Chuck Norris und Kareem Abdul-Jabbar.

24 Kobe Bryant (1978–2020) war einer der besten Basketballspieler seiner Zeit. Er gewann fünf NBA-Titel und wurde zweimal Finals MVP. Er verbrachte seine gesamte 20-jährige Karriere bei den Los Angeles Lakers und war für seinen außergewöhnlichen Ehrgeiz und seine „Mamba-Mentality" bekannt.

Je besser man die Grundlagen beherrscht, desto einfacher sehen die Bewegungen anschließend aus. Oder wie Roger Federer es beschreibt: „*Mühelos ist ein Mythos. Ich musste sehr hart arbeiten ... damit es einfach aussieht.*"[25][13]

Beim Basketball bilden Passen, Fangen, Dribbeln, Stoppen, Sternschritt und Werfen die fundamentalen Grundlagen für den Angriff. Dazu kommen Freilaufen, Ballverteidigung und Passverteidigung. Im Verlauf und als Folge des Trainings entwickeln sich positive Gewohnheiten, Disziplin, Timing und Einheit. Die Übungen sind darauf ausgelegt, grundlegende Basketballfähigkeiten auszubilden, die mentale Aufmerksamkeit zu verbessern – also die Wahrnehmung auf dem Feld und die Reaktionsgeschwindigkeit –, die körperliche Verfassung zu stärken und die Kinder auf Spielsituationen vorzubereiten. Am besten erreicht man das, indem man in den Übungen spielähnliche Situationen kreiert.

Um diese Fähigkeiten zu entwickeln, braucht es nicht nur den oben beschriebenen Spaß und die klaren Regeln: Für kleinere Kinder ist zudem besonders wichtig, mit einfachen Übungen anzufangen. Auch wenn manche Übungen extrem einfach aussehen, kann es bei der Umsetzung zu Schwierigkeiten kommen – daher sollte jede neue Übung gut erklärt werden. Plane also ausreichend Zeit für die Einführung neuer Übungen ein und gehe sie langsam, Schritt für Schritt, mit den Kindern durch. Selbst dann wird es bei den ersten Umsetzungen zu Missverständnissen kommen – aber das ist ganz normal. Nimm es gelassen und muntere die Kinder auf. Eine einfache Übung, die wir zuerst nicht machen wollten, weil sie uns zu trivial erschien, ist der „High-Five"-Korbleger-Drill. Den Kindern machte sie aber so viel Spaß,

---

25 In der Commencement Address am Dartmouth College sagte Roger Federer im Juni 2024: „Effortless is a myth. I had to work very hard ... to make it look easy."[13]

dass wir sie fest ins Training integrierten: Alle Kinder stellen sich in eine Reihe auf der rechten Seite hinter die Dreipunktelinie. Der Übungsleiter steht unter dem Korb. Die Spieler laufen zum Korb, machen die Korblegerschrittfolge (rechts-links) und springen mit einem Bein ab, um beim Coach mit der Hand abzuklatschen (High-Five) und stellen sich anschließend wieder hinten an.[26] Bei einer großen Spielerzahl kann man einen Slalom oder Leitersprünge anschließen, damit die Wartezeit nicht zu lang wird.

Gutes Training setzt Planung voraus – die Planung eines Trainings garantiert aber weder gutes Training, noch gleicht sie schlechtes Coaching aus. Manchmal funktionieren Übungen auch nicht so, wie man sich das in der Planung vorgestellt hat – davon solltest du dich aber nicht frustrieren lassen, sondern daraus lernen. Der Prozess der Trainingsplanung bereitet den Trainer in jedem Fall mental auf das Training vor. Es gilt, sich schrittweise Ziele zu setzen, an denen man arbeiten möchte. Beobachtungen aus den Spielen sind ein guter Ansatzpunkt dafür, an welchen Fertigkeiten gearbeitet werden sollte. Nur: Bitte nicht alles auf einmal! Auf dieser Basis kannst du Trainingspläne erstellen, die dem Entwicklungsstand des Teams entsprechen. Im Training gibt der Plan Struktur und hilft, unnötige Wartezeiten zwischen den Übungen zu vermeiden. Trotz aller Planung sollte man allerdings flexibel bleiben; etwa, wenn man im Training merkt, dass die Kinder sich an einem Tag nicht gut konzentrieren oder wenn andere Themen aufkommen, die akut verbessert werden sollen. Dann ist es ratsam, die Übungen für die Trainingseinheit spontan abzuändern. Ein Tipp aus dem DBB-Minitrainer-Lehrgang lautet, immer eine Übung oder

---

26 siehe dazu z.B. Jr. NBA Layup Hi-Five Drill: `https://jr.nba.com/vid eo/layup-hi-five-drill/` [25]

ein Spiel in der Hinterhand zu haben, von dem man weiß, dass es den Kindern Spaß macht. Bei uns waren das z.b. anfangs die „Chinesische Mauer", später das „Hallo-Weg-Fangen" oder „Bump". (Für weitere Übungsbeispiele siehe z.b. [5]). Ein Trainingsplan erleichtert es auch, Themen über mehrere Wochen zu entwickeln. Themen über vier bis sechs Wochen aufzubauen, zu wiederholen und Schritt für Schritt die Komplexität zu erhöhen, hilft dabei, Techniken zu automatisieren und im Langzeitgedächtnis zu verankern.[27] [9]

Mit der Zeit findet man eine Reihe von Übungen, die den Kindern Spaß machen und um die man dann seinen Trainingsplan aufbauen kann. Für die Zusammenstellung von Übungen und Trainingsplänen für kleinere Kinder (U10) sind aus unserer Sicht drei Dinge entscheidend:

1. Die Einfachheit des Übungsaufbaus;

2. eine basketballtechnische Grundlagenschulung und

3. viel zu spielen.

Bei den Trainingsplänen fangen wir meistens mit dem Ballhandling an und versuchen die intensiveren Übungen früh im Training anzusiedeln. Zum anfänglichen Warmwerden nutzen wir Laufspiele und Übungen zu den technischen Grundlagen, die schon bekannt sind. Anschließend initiieren wir ein passendes Spiel, das die vorher verwendeten Grundlagen einbezieht und das dann in ein Basketballspiel übergeht. Die Schwerpunkte verändern sich im Laufe der Zeit mit der Entwicklung der Spieler. Während wir im ersten Jahr zwischen Ballhandling und

---

27 Die Zeitspanne ist eine grobe Schätzung, die für die spezifische Situation – Alter, Wissensstand, Anzahl der Trainingseinheiten pro Woche etc. – angepasst werden muss. Es gibt nur wenige wissenschaftliche Erkenntnisse zum optimalen Timing, der Dauer und der Zeitspanne.

Korblegern noch einfache Bewegungsspiele eingestreut haben (Chinesische Mauer, Goldener Hirsch o.ä.), wechselten wir im zweiten Jahr zu mehr Wurf- und Verteidigungsübungen. Vier unserer Trainingspläne aus dem ersten Jahr sind in Tabelle 2.2 abgebildet.

Für neue Ideen lassen wir uns im Internet inspirieren, z.B. auf der Website der Junior NBA oder ähnlichen Angeboten. Einige Beispiele für Online-Übungsinspirationen und -Trainingsplänen findest du in Tabelle 2.3 aufgelistet. Eine Übersicht an Büchern, die zum Teil auch online frei verfügbar sind, ist in Tabelle 2.4 dargestellt.

Im ersten Jahr haben wir neben verschiedenen Fangspielen auch Korblegerübungen und Ballhandling-Drills durchgeführt (Passen, Dribbeln, SPD-Stellung, Sternschritt etc.). In seinem Buch „The 21st Century Basketball Practice" argumentiert Brian McCormick, dass sich diese Art von Trainingsübungen zu sehr auf die reine Technik konzentriert, während die Übertragung in Spielsituationen fehlt – also die Schulung von Wahrnehmung und Umsetzung: Wann muss ich welche Aktion im Spiel ausführen? Die technische Fähigkeit, einen Pass zu einem Mitspieler zu spielen, ist nicht ausreichend. Ein guter Passspieler weiß, wann, zu wem, wohin und welche Art von Pass gespielt werden sollte – er kann diese Entscheidung in Millisekunden treffen und den Pass ausführen. Daher empfiehlt McCormick, auch mit jungen Kindern viele spielnahe Übungen zu verwenden – er nennt das „decision training style" –, bei denen die Spieler sich stärker kognitiv anstrengen müssen.[16] Auch Doug Lemov hebt in „A Coach's Guide to Teaching" die Bedeutung von spielnahen Übungen im Training hervor, führt aber zusätzlich aus, dass die Verankerung im Langzeitgedächtnis und damit die automatisierte, unbewusste Umsetzung von Aktionen, mit spielerischen Übungen besser geschult wird.[9] Eigentlich ist die Idee

Tabelle 2.2: Beispiele für Trainingspläne für die U10 im ersten Trainingsjahr

Trainingsplan 1	Trainingsplan 2

o KETTEN FANGEN 5min
 	
o 3-lane layups TECHNIK! 15min
    – KEIN BALL AM BODEN –
 	
o 4vs 4 vs 4 10 min
o Freiwürfe 10 min
– PAUSE –
o Dribbelstaffel 3 TEAMS 10 min
o Star-passing-Drill (min 5) 10 min
    – KEIN BALL AM BODEN –
    LETZTER PASS: BODEN PASS
o 4 vs 4 vs 4 10 min
– PAUSE –
o 1 vs 1 ½ Feld mit Passgeber 2x 15min
    andere Seite: }
    Werfen 30 Pkt 2 Positionen
(o BUMP 10 min)
o Spiel
	Zeit Typ Übung
	10min Aufwärmen Gates Passing Game
	                     2x 25 Pässe
	15 min Korbleger Ganzfeld Passen/Lange
	                     (10)
	                     ODER: 3-lane Korbleger
	10 min Ball Ganzfeld Dribbeln-Stoppen-
	                     Passen (zu zweit)
	15min 3:2:1 oder 3:3:3
	10min Defense Passweg – Korbleger
	10 min Defense Alley-hoops
	2x 15min Defense 1:1
	         Werfen vs.
	                 2 Positionen Wurf
	                 Wurf 2 Pkt) 30 Pkt
	                 Rebound 1 Pkt
	(Spiel)

Trainingsplan 3	Trainingsplan 4

5min High-5-Korbleger
10min Ganzfeld Outlet
        Korbleger (3-Pass-Stationen)
5min KSÜ
10 min Freiwürfe
    PAUSE
10 min Star-Passing-Drill
10 min 1 vs 1 Mittellinie
                (mit u. ohne
                Einwurf)
10 min 3:2:1
10 min Freiwürfe
    PAUSE
10 min Korbleger – 3 Stationen
o 1 SPIEL
	1. Warmlaufen ~ 15 min
	2. Korbleger ~ 20 min
	3. Passkreis ~ 10 min
	    (untersch. Bälle)
	4. Green Light - Red Light
	    (mit u. ohne Ball)
	½ Feld 5. Dribbeln
	    6. Freilaufen 1 vs 1
	7. Spiel
	
	    – Chinesische Mauer
	    – Völkerball

58

des „decision training style" nicht neu. Bereits in den 1970er und 80er Jahren kamen Trainingsmethoden auf, die darauf abzielen, das Spielverständnis und die Fähigkeiten der Spieler durch realitätsnahe und situationsspezifische Übungsformen zu entwickeln. Man wollte damit ein Training fördern, das sich stärker am Spiel selbst orientiert, anstatt isolierte Techniken und Fertigkeiten zu üben. Oft wird diese Trainingsmethode als „spielgemäßes Konzept" bezeichnet.[28] Das spielgemäße Konzept basiert auf der Annahme, dass Spiel und Training sich gegenseitig bedingen und dass das Spiel eine hervorragende Lernumgebung bietet. Der Fokus liegt darauf, den Spielern zu helfen, taktische, technische und spielerische Fähigkeiten in einem ganzheitlichen Ansatz zu entwickeln. Dabei steht die Entscheidungskompetenz im Vordergrund, also das Erkennen und Lösen von Spielsituationen.

Auch die Autoren des DBB-Leitfadens empfehlen für den U10-Bereich eine ähnliche Trainingsstruktur: etwa 20 Prozent kindgerechte Technik-Übungen, einen größeren Anteil von 40 Prozent für Basketballspiele (4x4 oder kleinere Formen wie 2x2 und 3x3) sowie weitere 40 Prozent für abwechslungsreiche sportliche Tätigkeiten und Ballspiele.[5] Es soll bewusst nicht nur Basketball geschult werden, sondern vor allem ein breites Spektrum motorischer Fähigkeiten und Koordination.

Im DBB-Leitfaden werden außerdem folgende Leitlinien für Trainer von U10-Mannschaften zur Trainingsgestaltung hervorgehoben:[5]

- Berücksichtigen, dass in dieser Phase das beste motorische Lernalter der Kinder beginnt;

---

28 Im Englischen auch „Teaching Games for Understanding".

- auf kleine Gruppen setzen und viel Bewegungsaktivität ermöglichen;

- Techniktraining stets als Spieltraining gestalten;

- allen Kindern zahlreiche Ballkontakte und Entscheidungs-möglichkeiten bieten;

- vielseitige Aufgaben mit unterschiedlichen Ballarten stellen;

- Beidhändigkeit, Kreativität und Spielfreude gezielt fördern;

- Grundlagen der Individual- und Gruppentaktik vermitteln.

Ergänzend dazu richten die Autoren folgende Verhaltensempfehlungen an Trainer:

- Geduld zeigen und auf Zeit- sowie Leistungsdruck verzichten;

- Fairness, Zuverlässigkeit und Höflichkeit selbst vorleben.

Wie bereits erwähnt, hatten wir in unserem Team Spieler mit sehr unterschiedlichen Fähigkeiten. Unser Kader umfasste sowohl große als auch kleine, schnelle Spieler. Dennoch führten wir alle Übungen gemeinsam durch, ohne nach Spielpositionen zu differenzieren. In diesem Alter ist es nicht ratsam, sich auf bestimmte Positionen festzulegen, da die körperliche Entwicklung der Kinder noch im Gange ist. Stattdessen sollte eine vielseitige Ausbildung im Vordergrund stehen, um Einseitigkeit zu vermeiden.[16],[5] Jeder sollte auf allen Positionen des Spielfelds spielen können. Nur bei der Zuteilung zu Gegenspielern haben wir auf ähnliche körperliche Voraussetzungen geachtet. Im Angriff hat jedes Kind auf sämtlichen Positionen gespielt.

Vor vielen Jahren war ich als Co-Trainer mit einer U16-Mannschaft auf einem Basketballturnier in Kopenhagen. Dabei hat mich eine finnische Jugendmannschaft sehr beeindruckt: Alle Spieler der Mannschaft waren ähnlich groß, alle spielten auf allen Positionen. Ihr Angriffsspiel war extrem schnell und variabel. Sie hatten eine unheimlich schnelle Rotation im Angriff und wechselten ständig die Positionen, um große Gegenspieler nach außen zu ziehen und Mismatches auszuspielen. Es war eine der besten Mannschaften im Turnier. In der Verteidigung war jeder Spieler in der Lage auf jeder Position auszuhelfen, was es den Gegnern sehr schwer machte, Lücken zu reißen oder frei zum Korb zu kommen.

Tabelle 2.3: Beispiele von Internetquellen für Übungsideen

Name	Referenz	Beschreibung
AlbaThek	`https://albathek.de/`	Übungsideen für Spiele, Sport und Bewegung in Kita, Schule und Verein mit vielen Erklärvideos. Eher für den Minibereich und Anfänger
Breakthrough Basketball	`https://www.breakthroughbasketball.com/`	Umfangreiches Material an Trainingsplänen, Übungsbeschreibungen und eBooks (größtenteils kostenpflichtig)
eBasketball Coach	`https://ebasketballcoach.com/`	Umfangreiche Bibliothek an Übungen und Trainingsplänen nach Alter und Schwerpunktthema (größtenteils kostenpflichtig)

Tabelle 2.3: Beispiele von Internetquellen für Übungsideen (Fortsetzung)

Name	Referenz	Beschreibung
Junior NBA	`https://jr.nba.com/`	Übungen und Trainingspläne nach Schwierigkeitsgrad (Rookie, Starter, All-Star, MVP). Viele Übungen mit erklärenden Videos, App zur Trainingsplanung und weitere Coaching-Resourcen
Play-Basketball.de	`https://playbasketball.de/coach/drills/`	Umfangreiche Bibliothek mit Übungen und Suchfunktion nach Spieleranzahl, Trainingsphase, Altersklasse, Thema
USA Basketball	`https://www.usab.com/coaching/coaching-resources/skills-drills-coaching`	Videos von Übungen nach Altersgruppen (für die Altersstufen 3–9, 8–13, 12–17 und 15–18+)
Basketball Coaches Corner	`https://www.bbcoach.de/wp/`	Informationen zu Training, Coaching, Basketballphilosphie und Konzepten, Buchbesprechungen, ein Diskussions-Forum und Lehrprobenentwürfe
World Association of Basketball Coaches	`https://wabc.fiba.com/manual/mini-basketball/`	Beschreibung von Grundlagen der Trainingsgestaltung für Minis und einfache Übungen
Mini-basketball	`https://minibasketball.training/`	Vielfältige Spiele und Übungen Rund um den Minibasketball, Strukturiert entlang der Komponenten Dribbling, Passen und Werfen

Tabelle 2.4: Beispiele von Büchern mit Übungen und Übungsideen

Titel	Autor	Beschreibung
Leitfaden Minibasketball	Jürgen Maaßmann & Oliver Mayer, herausgegeben vom Deutschen Basketball Bund e.V. [26]	Umfassende Beschreibung von 63 Übungen speziell für den Minibasketball, strukturiert nach Techniktraining (Dribbeln, Passen/Fangen, Werfen), Startspiele, Taktikübungen und Spielformen. Zusätzlicher Theorieteil zur Entwicklung von Kindern, Planung einer Trainingseinheit.
Easybasket verstehen und lehren	Brentjes et al., herausgegeben vom Deutschen Basketball Bund e.V. [27]	41 einfache Spiele, insbesondere für Anfänger und kleinere Kinder, gegliedert nach Auftakt, Mittelteil und Schlussphase
Eine Frage der Qualität: Persönlichkeits- und Teamentwicklung. Förderung psychosozialer Ressourcen im Basketball	Blümel et al., herausgegeben von der Deutschen Sportjugend (dsj) in Kooperation mit dem DBB [28]	Diese Arbeitshilfe bietet Trainern Anregungen zur methodischen Gestaltung von Trainings- und Wettkampfangeboten. Enthält 60 Übungen, strukturiert nach Spielstufe und Kernzielen
Basketball Training für jeden Tag – Die 365 besten Übungen	Thomas Röhrich [29]	Umfangreiche Liste an Übungen für alle Altersstufen mit detaillierten Erläuterungen.

2 Das erste Jahr

Tabelle 2.4: Beispiele von Büchern mit Übungen und Übungsideen (Fortsetzung)

Titel	Autor	Beschreibung
Survival Guide for Coaching Youth Basketball	Keith Miniscalco & Greg Kot [30]	Tipps und Tricks für angehende Jugendbasketball-Trainer mit fundierten Ratschlägen und einer sorgfältig ausgewählten Sammlung von 24 Übungen, die nach Entwicklungsstufen und Fertigkeiten (Passen, Dribbeln, Werfen, Rebounding und Verteidigung) gegliedert sind
USA Basketball Youth Development Guidebook	USA Basketball [31]	Detailliertes Curriculum für die Spielerentwicklung vom Anfänger bis zur Leistungsstufe
The 21st Century Basketball Practice	Brian T. McCormick [16]	Überwiegend theoretische Beschreibung des wahrnehmungsorientierten Trainingsansatzes. Fokus auf spielerischen Übungen, die Wahrnehmung und Umsetzung schulen.
The Coach's Guide to Teaching	Doug Lemov [9]	Beschreibt, wie man am besten Sport vermitteln bzw. lehren kann. Nicht Basketballspezifisch; enthält keine Übungen.

2.2.4 Kommunikation und Feedback

> Tell me and I forget. Teach me
> and I remember. Involve me and I
> learn.
>
> _____
>
> Benjamin Franklin[29]

Kommunikation ist ein zentraler Bestandteil jedes Mannschaftssports. Die Spieler müssen sich ständig miteinander abstimmen; die Trainer müssen miteinander, mit den Spielern, Schiedsrichtern, Eltern, gegnerischen Trainern, dem Kampfgericht und weiteren Beteiligten sprechen und Informationen austauschen. Im Mittelpunkt steht natürlich der Austausch mit der Mannschaft. Carlo Ancelotti[30] beschreibt Kommunikation als „die Grundlage jeder Beziehung: was man sagt, wie man es sagt und wann man es sagt. Jeder hat seinen eigenen Charakter und seine Art der Kommunikation. Es gibt Spieler, die brauchen Anreize, und es gibt jene, die lieber delegieren, während andere Spieler Wasserträger sind, die sich am wohlsten damit fühlen, klare Anweisungen zu befolgen."[32]

Als ich 18 Jahre alt war, habe ich eine C-Jugendmannschaft (U15) trainiert. Nach einem Spiel kamen mehrere Eltern zu mir und sprachen mich offen an, dass ich doch lauter an der Seiten-

---

29 Benjamin Franklin (1706–1790) war ein US-amerikanischer Staatsmann, Erfinder, Wissenschaftler, Verleger und Philosoph. Er war eine Schlüsselfigur der US-amerikanischen Revolution und einer der Gründerväter der Vereinigten Staaten.

30 Carlo Ancelotti ist ein italienischer Fußballtrainer. Mit dem AC Mailand gewann er neben der Serie A (zweimal) auch die Champions League bzw. den Pokal der Landesmeister (1989, 1990). Als Trainer wurde er viermal Champions-League-Sieger und schaffte es als einziger Trainer fünf Meisterschaften in fünf verschiedenen Top-Ligen zu gewinnen (Italien, England, Frankreich, Spanien, Deutschland).

linie sein sollte. Sie hatten das Gefühl, ich wäre nicht involviert genug und die Kinder könnten noch stärker angeleitet werden. Ähnliches ist mir bei der U10 wieder passiert. Dieses mal boten mir Eltern noch vor der Halbzeit Kaffee an, weil ich so ruhig war, obwohl das Spiel nicht gut lief. Sie hatten Sorge, die Kinder würden nachlässiger, wenn ich nicht laut genug an der Seitenlinie wäre.

In Spielen ist es schwierig, die Spieler am Feld zu erreichen. Gleichzeitig brauchen junge Spieler am Anfang viel Hilfestellung, sodass wir als Trainer viel reingerufen haben. Schlüsselwörter erleichtern die Aufnahme. Viel mehr nehmen die Spieler auf dem Feld ohnehin nicht wahr; im schlimmsten Fall lenkt es sie sogar ab. Doug Lemov geht soweit zu sagen, dass Spieler lernen den Coach zu ignorieren – er empfiehlt vielmehr, sich während des Spiels Stichpunkte zu machen, die man später anspricht, nach dem Spiel oder im folgenden Training.[9] Wir sind dazu übergegangen, kniend vor der Bank die Auswechselspieler auf bestimmte Punkte im Spiel aufmerksam zu machen. Dadurch sind die Bankspieler involvierter und die Spieler am Feld nicht abgelenkt. Die Ersatzspieler können uns ihre Aufmerksamkeit widmen und haben schon Anregungen parat, wenn sie im nächsten Achtel aufs Feld kommen.

Die Kommunikation mit den Spielern ist nicht nur beim Spiel wichtig, sondern auch vor, während und nach jedem Training. Viel davon ist vermeintlich selbstverständlich und entspricht den allgemeinen Umgangsformen: etwa freundlich, ehrlich und respektvoll miteinander umzugehen oder dem Gegenüber aufmerksam zuzuhören – immer auf Augenhöhe mit den Kindern (siehe Abbildung 2.1). Zeige Verständnis für die Spieler, ihr Verhalten und ihre Sichtweisen. Stelle Fragen und binde die Spieler ein, lass sie mitdenken. Um Missverständnisse zu vermeiden, achte auf eine klare Sprache und stelle durch Rückfragen ein ge-

Abbildung 2.1: Auf Augenhöhe mit den Kindern sprechen

meinsames Verständnis sicher. Verstärke deine Kommunikation mit den Mitteln, die dir Sprache und Stimme bieten – Lautstärke, Tonlage und Inhalt – und durch non-verbale Aspekte wie deine Gestik, Mimik und Körpersprache. Auch plötzliche Wechsel im Auftreten können helfen. In einem Spiel, in dem unser Team lange unkonzentriert war, habe ich bewusst weniger Anweisungen gegeben und mich an der Seitenlinie sehr leise verhalten. Als das nicht half, schmiss ich plötzlich das Taktikboard auf den Boden. Das hat die Spieler total überrascht und sie vielleicht ein bisschen wachgerüttelt. Jedenfalls haben mich nach dem Spiel mehrere Eltern (grinsend) darauf angesprochen. Es hatte sie zwar sehr überrascht, aber sie hatten es nicht als übertrieben oder unangemessen empfunden – vielleicht, weil die meisten mich zu dem Zeitpunkt schon gut genug kannten und einschätzen konnten.

In der Kinderbuch-Reihe „Gregs Tagebuch" von Jeff Kinney
gehen Gregs Eltern sehr unterschiedliche damit um, wenn Greg
Mist baut: Der Vater wirft mit dem, was er gerade in der Hand
hat und schimpft. Die Mutter wartet mit den Sanktionen, während
Greg in der Zwischenzeit versucht, sie durch gutes Verhalten
zu beschwichtigen. Bis die Mutter nach ein paar Tagen
ein Computerspielverbot ausspricht. Beides nicht unbedingt optimale
Kommunikationsweisen für einen Basketballtrainer.

Was sollte man stattdessen tun? Idealerweise sollte man ruhig
bleiben und die Ursachen der Fehler verstehen. Daneben kann
man die einfache und universale KISS-Regel verwenden: **K**eep
It **S**imple and **S**tupid. Sinngemäß: Halte es einfach und simpel,
was im Grunde ausdrückt, möglichst klar und eindeutig mit den
Kindern zu sprechen. Darüber hinaus listen Lothar Bösing und
Kollegen im „Handbuch Basketball" die folgenden Ratschläge
für die Kommunikation im Training auf:[7]

- Sei direkt in der Ansprache deines Gesprächspartners.

- Formuliere Ich-Botschaften – own your message.

- Drücke dich klar, spezifisch und vollständig aus.

- Vermittle deine eigenen Bedürfnisse und Gefühle.

- Trenne Tatsache und Meinung.

- Konzentriere dich auf eine Sache.

- Vermittle Nachrichten sofort.

- Sei unterstützend und übe konstruktive Kritik.

- Sorge dafür, dass deine verbale Information mit deiner
  non-verbalen Kommunikation übereinstimmt.

- Verstärke die Botschaft mit Wiederholungen.

- Sei authentisch und vermeide Übertreibungen.

Etwas detaillierter beschreiben sie grundsätzliche Richtlinien zum Trainerverhalten in verschiedenen Situation und geben Hinweise auf förderliche und zu vermeidende Verhaltensweisen. Mit leichten Anpassungen haben wir die Übersicht in den Tabellen 2.5, 2.6, 2.7 und 2.8 wiedergegeben. Die Tabellen sind nach verschiedenen Situationen aufgeteilt: generelles Verhalten in Tabelle 2.5. Wie kann man mit Kritik nach Fehlverhalten und Aufmerksamkeitsmangel umgehen (Tabelle 2.6)? Worauf sollte man achten, wenn man gute Spielerleistungen beobachtet (Tabelle 2.7) und wie bringt man konstruktive Kritik nach Fehlern oder einer schlechten Leistung an (Tabelle 2.8)?

Dabei sollte man stets im Hinterkopf behalten, dass nicht alle Kinder gleich sind und sich durch unterschiedliche Ansprachen erreichen lassen. Wie man mit einem Kind spricht, nehmen auch die anderen Kinder sehr genau wahr. Ein extremes Beispiel schildert Mark Kriegel über Press Maravich an einer seiner ersten College-Trainerstationen: „Sadie [ein Spieler] war der Prügelknabe von Press. Press schrie Sadie das ganze Training lang an und beklagte jeden Fehler." Nach dem Training rief er Sadie in die Umkleide und schickte die übrigen Spieler hinaus. Alle Mitspieler hatten Mitleid mit Sadie, waren aber auch erleichtert, der Wut des Trainers entkommen zu sein. Sie verhielten sich besonders vorbildlich, um nicht selbst ins Visier zu geraten.

---

31 Siehe [7]
32 Siehe [7]
33 Siehe [7]
34 Siehe [7]
35 Siehe z.B. „What Happens When You Positively Reinforce The Way Kids Fail" [24]

Tabelle 2.5: Ratschläge zum generellen Trainerverhalten

Generelles Verhalten[31]	
förderlich	zu vermeiden
• Präzise und verständliche Anweisungen zu Technik und Taktik; • konstruktive Kritik; • Erklärungen in ermutigender Weise; • an Fertigkeiten und Bedürfnissen der Spieler ausrichten; • konzentriert und vorbereitet sein (Vorbildfunktion).	• Abwertende und sarkastische Kommentare; • persönliche, destruktive Kritik; • feindselige und entmutigende Atmosphäre; • Spieler anschreien; • Ungeduld und ständige Strafen.

Tabelle 2.6: Ratschläge zu Kritik bei Fehlverhalten

Kritik nach Fehlverhalten, Aufmerksamkeitsmangel[32]	
förderlich	zu vermeiden
• Disziplin und Aufmerksamkeit durch präventive Maßnahmen sichern, z.B. positive Atmosphäre schaffen, klare Eskalationsstufen bei Fehlverhalten, Belohnungen bei gewünschtem Verhalten; • klare Regeln aufstellen; • Ordnungsrahmen sichern; • Teamgeist betonen.	• Ständiges Nörgeln und Schimpfen wegen Disziplinlosigkeit; • unklare Anweisungen und Regeln; • einzelne Spieler herausgreifen und bestrafen.

Tabelle 2.7: Ratschläge zu Verhalten bei guter Leistung

Gute Spielerleistung[33]	
förderlich	zu vermeiden
• Lob für Einsatz und Anstrengung; • positive Verstärkung; • Wertschätzung der Anstrengungen und Bemühungen.	• Anstrengungen und Leistung(en) als gegeben bzw. selbstverständlich ansehen; • andere Spieler kritisieren, die diese Leistung nicht gezeigt haben; • Spielerleistung mit der anderer Spieler vergleichen oder in Konkurrenz setzen.

Tabelle 2.8: Ratschläge zu konstruktiver Kritik bei Fehlern

Konstruktive Kritik nach Fehler / schlechter Leistung[34]	
förderlich	zu vermeiden
<ul><li>Direkt nach Fehler ermutigen;[35]</li><li>Korrektur und Hinweise für richtige Ausführung geben oder ermutigen, Dinge erneut zu probieren und weiter zu üben;</li><li>Spielern das Gefühl vermitteln, dass sie sich verbessern und es schaffen werden;</li><li>ehrliches Interesse an der Weiterentwicklung und Verbesserung der Kinder zeigen.</li></ul>	<ul><li>Über Fehler schimpfen, indigniert oder empört sein;</li><li>falsches Verhalten einzelner vor der Mannschaft herausstellen;</li><li>eine Deine-Fehler-sind-mir-egal-Haltung zeigen.</li></ul>

Was die anderen nicht wussten: Sadie war auf dem rechten Ohr taub – und Press schrie ihn immer nur von rechts an. Nach dem Training in der Kabine lobte er Sadie für seine Leistung.[1]

Ein wichtiger Aspekt der Kommunikation im Training ist die Entwicklung einer gemeinsamen Sprache. Durch ein einheitliches Vokabular verstehen die Spieler sofort, was der Trainer meint, ohne lange nachdenken zu müssen. Diese Verständigungsbasis zwischen Trainer und Team wächst mit der Zeit. Um das Basketballverständnis und die Spielintuition der Kinder zu fördern, ist es hilfreich, Schlüsselprinzipien mit einfachen und bildhaften Beschreibungen zu erklären. Dies schärft den Blick der Spieler für wichtige Situationen und unterstützt sie bei schnellen Entscheidungen auf dem Feld. Zudem ermöglicht es dem Trainer, während des Spiels gezielt Hinweise zu geben, ohne die Konzentration der Spieler zu stören. Im Training sollten daher klare Begriffe und anschauliche Bilder für Anweisungen etabliert werden. Dabei greifen wir auch Ausdrücke auf, die spontan von den Kindern kommen. So unterbrachen wir einmal das Spiel, um zu erklären, wie sich Angreifer ohne Ball in den freien Raum zum Korb bewegen können, um einfache Wurfchancen zu erhalten. Scherzhaft bezeichnete Oskar das Freilaufen zum Korb als „neues Universum". Dieser Begriff etablierte sich schnell in unserem Team-Vokabular. Weitere Ausdrücke, die wir in unserem Team verwendeten, sind in Tabelle 2.9 aufgeführt.

Feedback ist eine spezielle Form der Kommunikation. Konstruktives Feedback ist klar und direkt, es bezieht sich nicht auf die Person, sondern auf die Ausführung einer Aktion. Es zeigt gezielt Verbesserungsmöglichkeiten auf und ermutigt Kinder, etwas erneut auszuprobieren. Natürlich kann man einzelne Kinder als positive oder negative Beispiele heranziehen – dabei

Tabelle 2.9: Beispiele für vereinfachte und bildliche Begriffe im Basketball

Begriff	Bedeutung
Blitz	Schnellangriff, so schnell wie möglich nach vorne kommen
Mittellinie	Verteidigung ab der Mittellinie, alle Spieler sollen schnellstmöglich zur Mittellinie zurück und ihre Gegenspiele suchen
Neues Universum	Freilaufen zum Korb, nicht passiv zuschauen wie der Ballführer dribbelt
Rettungsgasse	Dem Ballführer bzw. Mitspielern Platz lassen, um zum Korb zu schneiden
Schatten	In der Verteidigung orientiert sich jeder Spieler zu seinem Gegenspieler und steht zwischen Gegenspieler und Korb
Sonnenseite	Die zum Ballführer gewandte Seite, um sich vor seinem Gegenspieler freizumachen
Terrier	Verteidigungsgrundstellung am Ballführer
Zauberecke	Schwarzes Viereck am Brett als Ziel für einen Korbwurf
Zuckertüte	Beim Werfen die Hand abklappen

sollte aber immer deutlich werden, dass sich die Kritik auf die gesamte Gruppe oder eine Handlung bezieht und nicht auf eine Person. Doug Lemov gliedert Feedback in drei Ebenen:[9]
(1) Feedback geben, d.h. der Trainer bemerkt eine Situation, die er ansprechen will und adressiert diese. (2) Feedback umsetzen, d.h. wie wird das gegebene Feedback des Trainers umgesetzt; wie nutzen und verarbeiten die Spieler das Feedback. (3) Entscheidungsfindung fördern, d.h. wie regt man die Kindern zum eigenständigen Denken an, damit sie Spielverständnis und Autonomie entwickeln und so zukünftige Entscheidungen schneller und besser treffen können.

Auf allen drei Ebenen können Trainer helfen und durch optimale Kommunikation den Lernprozess der Kinder unterstützen. Eine Übersicht der Tipps entlang der drei Ebenen ist in den Tabellen 2.10, 2.11 und 2.12 dargestellt.

Zum Feedback gehört auch, zu demonstrieren, wie eine Aktion ausgeführt werden sollte. Hierbei ist es wichtig, die Kinder darauf aufmerksam zu machen, worauf sie achten sollen. Als Basketball-Experte wirst du wahrscheinlich nicht bemerken, wie wenig Anfänger bei einer Demonstration wahrnehmen. Stelle daher sicher, dass die Kinder ihre Aufmerksamkeit auf ein bis zwei wesentliche Aspekte lenken.[9] Das bedeutet, die Kinder Übungen zunächst ausführen zu lassen, um eine grundsätzliche Routine im Ablauf zu festigen – und erst im Anschluss spezifische Korrekturen und Verbesserungsmöglichkeiten aufzuzeigen, selbst wenn man diese ursprünglich als Lernziel im Kopf hatte.

---

36 In Anlehnung an [9]
37 Suche nach den Ursachen, dem „Warum", und identifiziere präzise, wie man an der Ursache arbeiten kann. Ein schlechtes Beispiel wäre ein Arzt, der zu seinem Patienten sagt: „Hören Sie auf zu husten."
38 In Anlehnung an [9]
39 In Anlehnung an [9]

Tabelle 2.10: Die erste Ebene von Feedback – Feedback geben

Feedback geben[36]

1. Konzentration auf eine Sache;

2. kurzes Feedback und schnell erneut versuchen lassen (receive-try-reflect);

3. präzise und aktionsorientiert (Ursachen, nicht Symptome kurieren)[37].

4. Sei positiv – der Glaube an und die Unterstützung von Spielern schaffen vertrauen und unterstützen eine positive Einstellung zum Lernen;

5. kommentiere die Aktion, nicht den Spieler;

6. formuliere Herausforderungen (z.B. „Schaffst du die Bewegung auch mit nur einem Dribbling?");

7. gehe vom Besten aus – Spieler sind grundsätzlich nicht faul. Sage z.B.: „Ich kann verstehen, warum du dort weit spielen willst, Tim, aber das ist eine Situation, in der man kurz spielen sollte.")

8. Spieler nicht bloßstellen (z.B. „Ich sehe einige, die schon sehr schnell in den freien Raum gehen, aber andere sind noch ziemlich lässig beim Freilaufen.")

9. Achte auf Ton und Modalität.

10. Richtiges Vormachen („Seht ihr den Unterschied zwischen dem hier [Ausführung A] und dem [Ausführung B]?")

Tabelle 2.11: Die zweite Ebene von Feedback – Feedback umsetzen

Feedback umsetzen[38]

1. Abgestimmtes Feedback – nicht zu früh zu anderen Themen springen, sondern auch bei der Ausführung noch auf das Feedback-Thema achten.

2. Korrigieren anstatt zu kritisieren.

3. Zeit geben zum Ausprobieren – der Fokus bleibt beim Feedback-Thema.

4. Verkürze die Zeit zwischen Feedback und erneutem Ausprobieren.

5. Positives Verstärkung; wiederholendes Lob, z.B.: „Gut, Luke, das war ein sehr guter, schneller erster Schritt!")

6. Fokus auf die Aktion, nicht die Anstrengung.

Tabelle 2.12: Die dritte Ebene von Feedback – Entscheidungen fördern

Entscheidungsfindung fördern[39]

1. Wahrnehmung betonen („Was siehst du?", „Wohin solltest du schauen?", Was sagt dir, wann/ob ...?).

2. Zeige das Problem.

3. Kognitive Beteiligung anregen.

4. Bewusste Fragestellung formulieren (keine rhetorischen Fragen stellen; dem Antwortenden aktiv zuhören) und die folgenden fünf Fragenziele berücksichtigen:

   - *Erkenntnisfragen* – „Wie können wir diese Situation lösen?"

   - *Anwendungsfragen* – „Welche Option ist hier möglicherweise die Beste?"

   - *Wahrnehmungsfragen* – „Was siehst Du?" oder „Wohin solltest Du schauen?"

   - *Verständnisfragen* – „Was ist unser Ziel hier?"

   - *Wissensfragen* – „Was ist das Erste, das wir tun, wenn wir den Ball verlieren?"

Viele dieser Tipps und Ratschläge kannten wir nicht. So fragen wir immer noch häufig „Habt ihr das verstanden", obwohl man die Kinder mit offenen Fragen besser animieren kann mitzumachen und eigene Nachfragen zu stellen. Bessere Alternativen sind etwa: „Welche Fragen habt ihr noch", eine gezieltere Frage wie „Wie viele Spieler sind in jeder Gruppe" oder eine Aufforderung zum Vormachen wie „Zeig mir deine Verteidigungsposition am Ballführer". Insbesondere zu Beginn, als ich noch unerfahren und unsicher war – oder wie Lenja es später nannte: überfordert –, habe ich eher abwehrend und laut auf Störungen im Training reagiert und versucht, meinen Plan durchzusetzen. Mit der Zeit merkt man dann, wie man mit einzelnen Spielern umgehen kann, wer auf welche Art Ansprache reagiert und wie man die einzelnen Kinder erreicht. Meine Ruhe, die wohl aus meiner Introvertiertheit kommt, hat mir hierbei geholfen. Die Kinder haben sehr schnell Vertrauen aufgebaut und sind immer offener geworden. Natürlich gibt es lautere Kinder, die sofort von einem Streit in der Schule erzählen, und andere, bei denen man nachfragen muss, wie es ihnen geht. Aber dieses Vertrauen und die Verbindung mit den Spielern bilden die Basis für konstruktives Feedback, das die Kinder aufnehmen.

2.3 Die Saison beginnt

> Don't worry about whether you're
> better than somebody else, but
> never cease trying to be the best
> you can become. You have control
> over that; the other you don't.
>
> John Wooden

Nach einer kurzen Ferienpause startete die reguläre Saison Mitte Oktober. In unserer Liga spielten neben uns noch sieben weitere Teams – darunter auch die beiden Mannschaften, gegen die wir im Vorfeld bei einem Testspiel bzw. im Kreispokal verloren hatten. Daneben war eine weitere U10-Mannschaft aus unserem Verein dabei, die aus dem älteren U10-Jahrgang bestand, den Neunjährigen. Das erste Spiel fand an einem Sonntag in unserer heimischen Dreifachsporthalle statt. Wir spielten im mittleren Querfeld, die Körbe auf 2,60 m heruntergestellt. An der Seitenlinie saßen und standen die Eltern aller Spieler und warteten gespannt auf den Sprungball. Das Warmmachen verlief schon deutlich besser als in den Vorbereitungsspielen. Die Kinder hatten durch die Laufschule einen klaren Ablauf und machten keinen verlorenen Eindruck mehr. Das Spiel konnte beginnen.

Wir Trainer waren natürlich aufgeregt, da wir nicht wussten, wie weit sich die Kinder entwickelt hatten und ob sie sicherer spielen würden. Obwohl wir uns gut vorbereitet hatten, herrschte große Nervosität auf dem Feld – selbst bei Spielern, die im Training gut gespielt hatten und sichere Entscheidungen im Angriff trafen. So fing z.B. Moritz, einer unserer größeren und stärkeren Spieler, den Ball im Mittelkreis und drehte sich dreimal um die eigenen Achse. Dabei tippelte er mit beiden Füßen und machte danach noch vier Schritte, bevor er anfing zu dribbeln. Die Unsicherheit war bei allen zu spüren. Wie erwähnt, ist die Performance im Training kein guter Indikator für die Leistung im Spiel (siehe Kapitel 2.1). Wir hielten die Fehler zwar nach wie vor für mangelnde Konzentration, aber es hat auch etwas mit der fehlenden Automatisierung von Bewegungsabläufen, der Wahrnehmung von Triggern und der Verankerung im Langzeitgedächtnis zu tun.[9] Als Coach hat man im Spiel nicht mehr viel Einfluss. Man kann nicht wechseln, keine Auszeit nehmen und versucht von außen Anweisungen zu geben. Diese müssen natürlich so einfach und klar wie möglich sein (siehe Kapitel 2.2.4). Die Nervosität wich – zumindest bei uns Betreuern – im Verlauf des Spiels einem leichten Frust über die Schwäche unseres Teams, aber auch der teils rücksichtslosen Spielweise des Gegners. Das Spiel verlief sehr einseitig; ähnlich wie die Vorbereitungsspiele. Am Ende erzielten wir sieben Punkte und verloren unser erstes Ligaspiel mit 89:7. Eigentlich zeigte das Team erste gute Ansätze. Die Zuordnung zu den Gegenspielern ab der Mittellinie erfolgte zwar noch nicht instinktiv, aber das Freilaufen bei Einwürfen war schon ganz in Ordnung. Wir hatten uns als Trainer sehr bemüht, Anweisungen und Hilfestellungen von der Seitenlinie zu geben, bloß funktionierte das nur sehr begrenzt. Außerdem waren die Gegner körperlich wie technisch überlegen und deutlich reaktionsschneller.

Was sagt man nach so einer hohen Niederlage? Der Gegner war stark. Carlo Ancelotti betont: „Man darf Spieler niemals demotivieren! Unser Job ist es, sie zu motivieren, indem wir ihnen die Herausforderungen und Ziele anbieten, die ihre Begabung verlangt."[32] Oder, wie es Mike Krzyzewski (Coach K) ausdrückt: „Ein Anführer muss alles, was seinem Team widerfährt, positiv sehen. Betrachte nichts in der Vergangenheit als

Versagen."[40] Also versuchten wir die Niederlage auf die Stärke des Gegners zurückzuführen und die Hoffnung zu erhalten, dass die kommenden Spiele einfacher und besser werden würden. Um die Kinder weiter zu motivieren, versuchten wir immer die positiven Aspekte hervorzuheben und schickten nach dem Spiel eine Nachricht an die Eltern:

> *Wir haben heute leider sehr deutlich verloren, was jedoch auch daran lag, dass unsere Gegner sehr stark waren und schon deutlich länger spielen. Es werden noch einfachere Spiele kommen! Trotzdem war wieder eine tolle Entwicklung zu sehen, die wir jetzt in den nächsten Trainingseinheiten gezielter ausbauen wollen. Auch während des Spiels wurden wir immer stärker und die einzelnen Aktionen haben besser funktioniert.*
>
> *Niederlagen gehören dazu, aber es sagt nichts darüber aus, wie gut wir waren. Wir sind wirklich stolz und das könnt ihr und können die Kinder auch sein! Die Siege kommen in der Saison!*

Die Reaktionen der Eltern waren durchweg positiv und sie versuchten auch uns Trainern mit unserer Hoffnung nach zukünftigen Erfolgen Mut zu machen:

> *Wichtig ist, dass es den Kindern Spaß gemacht hat (uns natürlich auch). Der Erfolg kommt noch. Besten Dank an euch Trainer. Ihr habt es ebenfalls sehr gut gemacht.*

Und etwas vorausschauender:

---

40 Im Englischen sagte er: „A leader has to be positive about all things that happen to his team. Look at nothing in the past as failure."

Das war heute ein gutes Spiel. Man hat gemerkt,
dass da ein super Team zusammenwächst! Weiter so!

Am zweiten Spieltag hatten wir spielfrei, da die gegnerische
Mannschaft ihr Team zurückgezogen hatte. Damit blieben neben uns noch sechs Teams in der Liga und der Rückzug gab uns
etwas mehr Vorbereitungszeit, um die Spieler wieder aufzubau-
en.

Im November gingen wir in unser zweites Saisonmatch – und
diesmal lief es deutlich runder. Dreizehn Kids wollten mitspielen, aber wir wollten nur zehn mitnehmen, um jedem genug
Spielzeit zu garantieren. Drei Nachwuchstalenten eine Absage
zu erteilen, fiel uns wirklich schwer. Deshalb begannen wir später, akribisch Trainingsanwesenheit und Spielminuten zu tra-
cken, um eine solide Basis für künftige Entscheidungen zu haben. Es ist ein Balanceakt: Man will weder die Leistungsträger
auf der Bank schmoren lassen, noch die Spielzeit ungleich verteilen. Beim Auswärtsspiel am Sonntagmittag war unser Fan-
block wieder voll besetzt – alle Eltern waren mitgereist. Diesmal netzten wir satte 36 Punkte ein! Der flinke Lennard lief
ein ums andere Mal allen mit dem Ball davon und kam zu frei-
en Korbleger-Chancen. Allerdings war er manchmal zu schnell
unterwegs oder driftete zu weit ab, sodass einige Bälle daneben-
gingen. Die gegnerischen Coaches zeigten sich fair, boten an, die
Freiwurflinie für uns vorzuverlegen, und hielten ihre Truppe von
einer Ganzfeld-Manndeckung ab. Trotzdem mussten wir am Ende 72 Gegenpunkte schlucken und verließen erneut als Verlierer
das Parkett. Unsere Youngsters zeigten mehr Mut, waren aber
immer noch nervös wie beim ersten Spiel. Dadurch unterliefen
ihnen viele technische Fehler – Schrittfehler und Doppeldribb-
ling waren an der Tagesordnung. Levin zum Beispiel dribbelte
bis zur Mittellinie, um dort wie angewurzelt stehenzubleiben
und den Ball aufzunehmen, selbst wenn kein Gegenspieler in

Abbildung 2.2: Volle Spielerbank bei einem der ersten Spiele

Sichtweite war. Eigentlich hatte er ein gutes Ballhandling, aber irgendwie fehlte ihm der Mut, weiterzudribbeln. Diese Schwierigkeiten bei der Feldübersicht – wann passe ich, wann ist es besser zu dribbeln – waren bei allen Spielern zu beobachten. Unsere Postgame-Botschaft an die Eltern lautete:

> *Wir haben zwar verloren, aber es war wieder ein Fortschritt und es gibt viele Dinge, die heute besser funktioniert haben (Trefferquote, Zusammenspiel, etc.). An anderen Sachen werden wir im Training weiter arbeiten (frei laufen, Verteidigung). Es wird immer besser. Großes Lob an die Kinder für den Einsatz! Wir freuen uns auf die nächsten Spiele und Trainingseinheiten.*

Im vereinsinternen Duell spielten wir zwei Wochen später gegen die älteren U10-Spieler unseres Vereins und waren körperlich natürlich deutlich unterlegen. Leider meldete sich auch noch die Hälfte der Mannschaft krank, sodass wir nur mit sechs Spielern antraten. Damit musste jeder Spieler mindestens fünf Achtel auf dem Feld stehen. Dank der Rücksichtnahme der Gegner konnten wir 43 Punkte erzielen und uns erneut steigern. Trotzdem verloren wir deutlich mit 116:43.

Ein riesiges Lob an die Mannschaft! Wir haben insbesondere am Anfang gut mitgehalten und toll zusammengespielt. Allen eine gute Erholung. Wir freuen uns auf das Training und das nächste Spiel.

Da sich die Krankensituation in der nächsten Woche nicht besserte, sagten wir das folgende Meisterschaftsspiel ab. Im Training waren wir in dieser Woche nur eine kleine Gruppe und konnten gezielter auf einzelne Kinder eingehen.

Neues Spiel, neues Glück: Im Dezember traten wir wieder auswärts an. Es meldeten sich nur sieben Spieler fit, daher war für jeden ausreichend Spielzeit garantiert (drei Spieler konnten vier Achtel spielen, also 20 Minuten, und vier Spieler sogar fünf Achtel, also 25 Minuten). Beim Aufwärmen war bereits zu erkennen, dass der Gegner eher unserem Leistungsniveau entsprach als die vorherigen Teams. Wir hofften daher auf einen besseren Verlauf und vielleicht sogar auf ein spannendes Spiel. Trotz aller Hoffnungen wurde es eine durchwachsene Partie. Leider verschliefen wir den Start und verloren das erste Achtel gleich mit 10:2. Im zweiten und dritten Achtel lief es dann etwas besser (4:2 und 2:0), und auch das vierte Achtel konnten wir ausgeglichen gestalten (10:6). Man sah deutliche Unterschiede, je nachdem, welche Spieler der Gegner und wir auf dem Feld hatten. Einen Gegenspieler bekamen wir leider gar nicht unter Kontrolle. Er kam immer wieder ungehindert zum Korb. Wenn er mitspielte, zogen die Gegner davon. So verschliefen wir nach der Pause erneut den Start (12:0) – da half es auch nicht, dass wir anschließend noch einmal ein Achtel mithalten konnten (6:6), denn die letzten beiden Achtel gingen wieder deutlich an unsere Gegner. Es unterliefen uns zu viele technische Fehler, die der Schiedsrichter konsequent abpfiff. Wenn wir mal zum Korb kamen, fehlte uns die Treffsicherheit. Am Ende verloren wir wieder deutlich mit 24:60. Nach dem Spiel versuchten wir, ein paar aufmunternde Worte an die Spieler und Eltern zu richten:

> *Es war heute ein schwieriges Spiel mit nur sieben Spielern. Der Gegner hat stark verteidigt. Im letzten Achtel haben viele Dinge gut funktioniert, auf die wir im nächsten Spiel aufbauen können. Riesiges Kompliment an die Mannschaft und alle Eltern für die Unterstützung! Allen eine gute Erholung.*

Die Kinder weiter bei Laune zu halten funktioniert nur mithilfe der Eltern und des Umfelds. Trotzdem wurde das Mutmachen mit der Zeit natürlich immer schwieriger.

Bis auf zwei ausstehende Nachholspiele hatten wir die Hinrunde nun überstanden – aber leider kein Spiel gewonnen, nicht einmal annähernd. Es überraschte uns, dass man den Kindern die Enttäuschung über die vielen Niederlagen kaum anmerkte. Sie nahmen die Niederlagen hin und schienen damit besser zurechtzukommen als mancher Erwachsene. Wir Betreuer versuchten uns auch nichts anmerken zu lassen, möglichst positiv weiterzumachen und stets den Spaß in den Vordergrund zu stellen (siehe Kapitel 2.2.2). Wir hofften auf die Nachholspiele, aber auch für uns als Trainer war die Situation nicht einfach. Zum Glück standen die Weihnachtsferien vor der Tür, was uns etwas Zeit gab, Abstand vom Basketball und den Niederlagen zu gewinnen.

2.4 Verlieren lernen

> To learn to succeed, you must
> first learn to fail.

Michael Jordan

Wir wussten natürlich, dass es eine schwierige Saison werden würde. Wir hatten alle bisherigen Spiele verloren, unser Korbverhältnis lag nach vier von zwölf Spielen bei 110:337. In der Liga gab es noch eine weitere Mannschaft, die ebenfalls sieglos war und gegen die wir noch zweimal antreten mussten – darauf ruhte unsere Hoffnung. Dennoch zeichnete sich ab, dass wir die Saison als Letzter oder Vorletzter beenden würden. Das war aufgrund der Jahrgangseinteilung zwar absehbar gewesen – unser Team bestand ausschließlich aus Spielern des jüngeren Jahrgangs –; dennoch hatten wir uns mehr erhofft.

Ständig zu verlieren ist frustrierend – es macht einfach keinen Spaß. Die Kinder verlieren die Lust am Basketball und einige hören auf. Aber auch für die Trainer und die Eltern ist es nie einfach, Kinder und Mannschaft verlieren zu sehen. Scherzhaft sagte ich zu Lenja, der Vereinsvorstand würde über unsere Entlassung nachdenken, weil wir nicht gewinnen würden. Das war natürlich Quatsch und der Witz sollte nur den Frust über die Niederlagen kaschieren – denn natürlich waren auch wir Coaches über jede einzelne enttäuscht. Trotzdem sahen wir stetige Verbesserungen von Spiel zu Spiel und kommunizierten das auch mit den Eltern. Um die Moral hochzuhalten ist es wichtig, sich durch kleine Erfolge zu motivieren: Wenn ein Spieler einen Korb erzielt oder eine gute Bewegung zum Korb gemacht oder eine schönen Pass gespielt hat, sich eine Ball in der Verteidigung erkämpft oder seinen Gegenspieler aufmerksam verteidigt hat.

Wie Helen Keller es sehr schön ausdrückte: „Optimismus ist der Glaube, der zum Erfolg führt. Ohne Hoffnung und Zuversicht kann nichts erreicht werden."[41]

Außerdem besteht natürlich ein Unterschied zwischen einer Niederlage und einem Misserfolg bzw. zwischen Gewinnen und Erfolg. John Wooden, der legendäre College-Basketball-Trainer von UCLA, betonte diesen Unterschied immer wieder.[42] Nicht jeder kann eine Eins in der Schule haben. Um seinen Schülern und Sportlern ein besseres Ziel zu geben, formulierte er seine eigene Definition von Erfolg:[34]

> *Erfolg ist Seelenfrieden und ein direktes Ergebnis der Selbstzufriedenheit – wenn man weiß, dass man sich bemüht hat, das Beste zu geben, zu dem man fähig ist. Höre niemals auf, das Beste aus dir herauszuholen.*

Erfolg hat also nichts mit dem Gewinnen zu tun, genauso wenig wie eine Niederlage etwas mit Misserfolg zu tun hat. Das ist die erste Erkenntnis, die hilft, mit Niederlagen umzugehen. Natürlich möchte man trotzdem gewinnen und ärgert sich über Niederlagen.

Für Kinder ist es wichtig, Niederlagen einzuordnen. Der Autor des Artikels „Why A Great Record Doesn't Always Equate To Great Coaching In Youth Basketball – Can 5-15 Be Greater Than 20-0!?" auf Breakthrough Basketball betont, dass ein hervorragendes Sieg-Niederlagen-Verhältnis nicht zwangsläufig gu-

---

41 Helen Keller (1880–1968) war eine taubblinde US-amerikanische Schriftstellerin, die nie ihre Hoffnung verlor und die Erfahrung für den besten Lehrmeister hielt. Sie schrieb u.a.: „Optimism is the faith that leads to achievement. Nothing can be done without hope and confidence."

42 Dieses Video beinhaltet ein längeres Interview zu seiner Sicht auf den Unterschied zwischen Gewinnen und Erfolg: `https://www.youtube.co m/watch?v=0MM-psvqiG8` [33]

tes Coaching im Jugendbasketball bedeutet.[35] Er stellt heraus, dass Trainer, die den Fokus allein auf das Gewinnen legen, oft die langfristige Entwicklung ihrer Spieler vernachlässigen. Wichtig ist vielmehr, wie gut ein Trainer die Fähigkeiten und das Verständnis seiner Spieler für das Spiel entwickelt. Ein Team, das eine Saison mit 5 Siegen und 15 Niederlagen abschließt, aber große Fortschritte bei den individuellen Fähigkeiten und im Teamverständnis zeigt, hat möglicherweise von einem besseren Coaching profitiert als ein Team, das ungeschlagen bleibt, aber wenig Lernfortschritte macht. Der Autor betont außerdem, dass die Werte, die durch den Sport vermittelt werden – etwa Teamarbeit, Disziplin und Resilienz – entscheidender sind als die Siege. Gutes Coaching sollte also nicht nur darauf abzielen, Spiele zu gewinnen, sondern auch darauf, die Spieler sowohl sportlich als auch persönlich weiterzuentwickeln. Nun gut – wir waren auch von einem 5-zu-15-Gewinnverhältnis weit entfernt, aber zumindest konnten wir nicht behaupten, dass unser Fokus zu stark auf das Siegen gerichtet war.

Trotz der Frustration bei Niederlagen ist Verlieren ein wichtiger Teil des Lernens, nicht nur aus Trainersicht. In Anlehnung an Nelson Mandela könnte man auch sagen: „Man verliert niemals – entweder gewinnt man oder man lernt etwas dazu." [43] Einen ähnlichen Lernaspekt des Verlierens hob Roger Federer bei seiner Commencement Speech am Dartmouth College 2024 hervor:[13]

---

43 Die Aussage „You never lose, you either win or learn" ist die Abwandlung eines Ausspruchs Nelson Mandelas: „I never lose, I either win or learn." Nelson Mandela (1918–2013) war ein südafrikanischer Freiheitskämpfer, Politiker, Friedensnobelpreisträger und der erste schwarze Präsident Südafrikas.

> *Welches Spiel auch immer du im Leben spielst,*
> *manchmal wirst du verlieren. Ein Punkt, ein Spiel,*
> *eine Saison, ein Job ... es ist eine Achterbahnfahrt*
> *mit vielen Höhen und Tiefen. Wenn man deprimiert*
> *ist, ist es ganz natürlich, an sich selbst zu zwei-*
> *feln. Sich selbst zu bemitleiden. Und ganz nebenbei*
> *haben auch deine Gegner Selbstzweifel. Vergiss das*
> *nie. Aber negative Energie ist verschwendete Ener-*
> *gie. [...]* **Die Besten der Welt sind nicht die**
> **Besten, weil sie jeden Punkt gewinnen, son-**
> **dern weil sie wissen, dass sie immer wieder**
> **verlieren werden, und weil sie gelernt haben,**
> **damit umzugehen.** *Du akzeptierst es. Schrei es*
> *heraus, wenn du es brauchst, und zwinge dich dann*
> *zu einem Lächeln. Du gehst weiter. Sei unerbittlich.*
> *Passe dich an und wachse daran. Arbeite härter. Ar-*
> *beite klüger.*

Oder anders ausgedrückt: „Durch Sport lernen Kinder, dass Misserfolg kein Dauerzustand ist. Während ein Sieg das Selbstwertgefühl der Kinder steigern kann, kann eine Niederlage ihnen trotz eventueller negativer Auswirkungen auf das Selbstvertrauen beibringen, wie sie Defizite überwinden und wachsen können."[36] Im Teamsport ist es oftmals einfacher für Kinder mit Niederlagen umzugehen als beispielsweise beim Tennis oder beim Mensch-ärgere-dich-nicht-Spiel, da man nicht alleine spielt und somit nicht alleine verantwortlich ist.

Pistol Pete Maravich, der bis zum College als Star galt, hatte einen schwierigen Start in der NBA. Er wirkte unzufrieden, verlor die Freude am Spiel, fokussierte sich nur noch aufs Scoren und setzte sich selbst immer mehr unter Druck. Dabei wurde er zunehmend egoistisch und rücksichtslos gegenüber seinen Mitspielern. Sein Vater, Press Maravich, diagnostizierte treffend: „Er hat nie gelernt zu verlieren."[1]

Auch wenn man im Augenblick der Niederlage – besonders wenn sich Misserfolge häufen – nicht daran denkt: Das Verlieren beim Basketball (und anderen Sportarten) ist ein wichtiger Bestandteil der kindlichen Entwicklung. Der Versuch, Kinder ständig zum Sieg zu führen, kann hingegen ihre emotionale und psychische Entwicklung beeinträchtigen. Sportpsychologin Caroline Silby geht noch einen Schritt weiter: „Tatsächlich zeigen Umfragen, dass die überwiegende Mehrheit der Kinder angibt, lieber in einer Verlierermannschaft zu spielen, als in einer Gewinnermannschaft auf der Bank zu sitzen." [37] Das Verlieren fördert eine breite Palette emotionaler, sozialer und charakterlicher Fähigkeiten, die für das Leben unerlässlich sind. So komisch es klingen mag, das Verlieren *zu lernen* ist für die Entwicklung von Kindern aus einer Vielzahl an Gründen wichtig. Das gilt insbesondere im Sport und damit natürlich auch beim Basketball. Tränen in den Kinderaugen nach verlorenen Spielen drücken auch Leidenschaft und Ehrgeiz aus; sie zeigen, wie viel den Kindern der Sport bedeutet. Entscheidend ist, diese Leidenschaft in etwas Positives umzuwandeln. Verlieren zu lernen stärkt und hilft vor allem in den folgenden Dimensionen:

1. *Emotionale Resilienz:* Kinder erlernen den Umgang mit Enttäuschungen, d.h. mit negativen Emotionen wie Frustration, Niederlagen oder anderen Rückschlägen. Das hilft auch in Lebensbereichen außerhalb des Sports. Wichtig für die Entwicklung (speziell als Sportler) ist dabei zu lernen, die eigenen Emotionen zu kontrollieren und konstruktiv mit ihnen umzugehen.[38]

2. *Soziale Fähigkeiten:* In Mannschaftssportarten wie dem Basketball lernen Kinder, dass es nicht nur ums Gewinnen geht, sondern auch um das gemeinsame Spielen und die Unterstützung der Mannschaft. Sie erleben Teamwork und Fairness. Kinder entwickeln ein Verständnis dafür, dass auch die Gegenspieler ihr Bestes geben und Respekt verdienen, unabhängig vom Ausgang des Spiels. Mit anderen Worten: Sie entwickeln Empathie und Respekt.[37]

3. *Charakterbildung:* Die Kinder lernen, trotz Rückschlägen weiterzumachen und sich zu verbessern. Das stärkt ihre Fähigkeit, Herausforderungen im Leben zu meistern und Durchhaltevermögen zu entwickeln. Oft steigen Erfolge schnell in den Kopf und führen zu Überheblichkeit und Arroganz – was, nebenbei bemerkt, den zukünftigen Erfolg gefährdet. Das Verlieren hilft Kindern, bescheiden zu bleiben und ihre Erfolge nicht zu überschätzen. [39] Bob Knight, einer der erfolgreichsten NCAA-Coaches, brachte es treffend auf den Punkt: „Frühes Scheitern ist meist besser als früher Erfolg, denn die Lektion in Demut wirkt lange nach und macht auf Dauer effektiver."[44]

4. *Kritikfähigkeit und Lernbereitschaft:* Idealerweise reflektieren Kinder nach einer Niederlage ihre Leistung und erkennen, wo sie sich verbessern können. Das fördert eine kontinuierliche Verbesserung. Hier können Trainer – und Eltern – besonders helfen und zu einer realistischen Selbstreflexion der Kinder beitragen. Dabei lernen Kinder konstruktive Kritik zu akzeptieren und als Chance zur Verbesserung zu sehen.

---

44 Im Original: „Early failure is usually better than early success, because the lesson in humility lasts a long time and makes you more effective over the long term."

5. *Realistische Erwartungen:* Zu verlieren lehrt Kinder, dass im Leben nicht immer alles nach Plan läuft und dass man nicht immer gewinnen kann. Das bereitet sie auf die Realität des Erwachsenenlebens vor. Wenn Kinder lernen, Niederlagen zu akzeptieren, lernen sie außerdem, ihre Erfolge mehr zu schätzen und nicht als selbstverständlich zu betrachten.

Einige Aspekte des Basketballs und anderer Mannschaftssportarten erleichtern das Verlierenlernen. Dazu gehört zum einen die Kombination von *Konkurrenz und Kooperation.* Basketball fördert sowohl den Wettbewerbsgeist als auch das Zusammenspiel innerhalb des Teams, was die Lernmöglichkeiten erweitert. Zum anderen bieten *vielfältige Rollen* abwechslungsreiche Aufgaben: In Teamsportarten wie Basketball gibt es unterschiedliche Positionen und Verantwortungen – etwa in Verteidigung und Angriff –, was Kindern hilft, verschiedene Aspekte des Spiels und des sozialen Miteinanders zu verstehen. Schließlich sorgt das direkte und *sofortige Feedback* für beschleunigtes Lernen: Im Gegensatz zu z.B. künstlerischen Aktivitäten geben Spiele den Kindern über das Ergebnis eine unmittelbare Rückmeldungen, was die Reflexion und den Lernprozess fördert.

Brad Stevens war Trainer der Boston Celtics und ist vor allem für seinen ruhigen Coaching-Stil und sein ruhiges Auftreten an der Seitenlinie bekannt. Er betont, dass sowohl die Charakterbildung als auch das Unterrichten der Spielgrundlagen wichtiger sind als der Sieg.[45] Es ist entscheidend, dass Trainer die

---

45 Brad Stevens ist u.a. Präsident der Basketball Operations der Boston Celtics und Mitglied des Positive Coaching Alliance (PCA) National Advisory Board. Er war zwischen 2013 und 2021 Cheftrainer der Celtics. Bevor er zu den Celtics kam, erlangte Stevens Bekanntheit als Trainer des Basketballteams der Butler University, das er zu aufeinanderfolgenden NCAA-Titelspielen führte.

Abbildung 2.3: Enttäuschung nach einem verlorenen Spiel

Idee verstärken, dass es bei sportlichen Wettkämpfen letztendlich darum geht, zu lernen, Spaß zu haben und sich in dem zu verbessern, was man tut. Stevens glaubt, der wichtigste Aspekt des Jugendsports besteht darin, die Leidenschaft für das Spiel zu fördern, damit Kinder sich für den Sport begeistern, den sie betreiben.[17]

Es ist nicht notwendigerweise schwer, die Moral und Leidenschaft der Kinder aufrechtzuerhalten. Aber die Eltern müssen dabei helfen und daran glauben, dass es besser wird. Wenn die Trainer es schaffen, die Hoffnung am Leben zu halten, wird es für die Kinder und Eltern einfacher, mit einer Niederlage umzugehen.[37] Dabei kann die folgende Herangehensweise dazu dienen, den Kindern bei Niederlagen zu helfen – diese Punkte gelten für Trainer und Eltern gleichermaßen:

- Konzentriere dich in jedem Spiel auf kleine Erfolge und feiere diese – einen Steal, einen gelungenen Korbleger, einen gesicherten Rebound, einen Stopp. Hilf den Kindern, sich auf das zu konzentrieren, was sie kontrollieren können, z.B. auf den Hustle nach einem verlorenen Ball. Lobe deine Kinder weiterhin für ihre Bemühungen und ihr gutes Verhalten. Dadurch lernen sie, mit frustrierenden Situationen besser umzugehen und sie zu bewältigen.[40]

- Gehe offen mit Niederlagen um. Bespreche Siege und Niederlagen mit den Kindern, auch vor den Spielen. Spreche darüber, wie frustrierend es manchmal ist zu verlieren, aber dass Gewinnen und Verlieren nicht das Wichtigste sind. Konzentriere dich stattdessen darauf, dass das Üben, die Verbesserung ihrer Fähigkeiten und das Zusammenspiel im Team wichtiger sind.

- Höre den Kindern zu. Kinder haben ihre eigene Sicht. Versuche nicht, ihnen all ihren Ärger und ihre Frustration nehmen zu wollen. Frage, warum sie frustriert sind, bestätige ihnen, dass es schwierig ist, zu verlieren. Anstatt über die Anzahl der erzielten Punkte zu sprechen, sprich darüber, wie das Kind sein Bestes gegeben hat.

- Loben! Wenn dein Kind ein Spiel verliert, weise es auf Dinge hin, die gut gelaufen sind. Hebe seine Bemühungen und die kleinen Erfolge hervor. Unmittelbar nach einer Niederlage ist nicht die Zeit für kritische Analysen.

- Vergleiche ein Kind nicht mit anderen Spielern. Widerstehe dem Drang, die Leistung eines Kindes mit der eines anderen zu vergleichen. Das hilft nicht dabei, das Selbstwertgefühl des Kindes zu verbessern, geschweige denn seine Fähigkeiten.

- Erinnere die Kinder daran, dass Spaß und Weiterentwicklung im Vordergrund stehen, auch wenn sie gewinnen. Es ist manchmal schwierig, aber selbst wenn die Kinder ein Spiel gewinnen, hilft es, die zentrale Botschaft zu wiederholen: Das Wichtigste ist, dass man Spaß hat und lernt.

- Gehe mit gutem Beispiel voran. Wenn Kinder über verlorene Spiele schnell frustriert sind und es ihnen schwerfällt, darüber hinwegzukommen, musst du möglicherweise dein eigenes Verhalten überprüfen. Merken die Kinder, dass du beim Sportschauen im Fernsehen wütend wirst, oder regst du dich grundsätzlich schnell auf? Stelle sicher, dass du deinen Kindern das gewünschte Verhalten vorlebst. Es wird ihnen später im Leben leichter fallen, mit Frustrationen umzugehen.

- Auch Eltern sollten mit ihren Kindern über Niederlagen sprechen. Wenn Eltern nicht über Spiele oder Saisons reden, die schlecht gelaufen sind, könnten Kinder meinen, Misserfolge wären so schlimm, dass man darüber schweigen soll. Idealerweise spricht man gelassen über Niederlagen. Für das Zugehörigkeitsgefühl abträglich ist es hingegen, wenn Eltern wütend werden oder vermeintlich schwächeren Spielern die Schuld an der Niederlage geben.[37]

- Nimm den Druck von den Kindern. Kinder setzen sich selbst genug unter Druck. Ein Beispiel: Bei einem Spiel stand Antoine nach dem ersten Achtel mit Tränen in den

Augen auf dem Spielfeld und ärgerte sich über seine Leistung. Das Spiel war weder entschieden, noch war alles schlecht, aber er wollte mehr. Aufmunternde Worte, Anfeuern und positive Kommentare können hier genauso helfen wie Gelassenheit und Ruhe.

Im Training kann man die Charakterbildung der Spieler positiv beeinflussen, vor allem durch das eigene Verhalten als Trainer und eine Erfolgsdefinition, die nicht auf Gewinnen basiert.[34] Für uns bedeutete Erfolg beispielsweise ein gutes Zusammenspiel mit vielen Pässen und die richtige Positionierung in der Defense. Um die Prinzipien eines guten Charakters durch Sport zu fördern und negative Auswirkungen zu vermeiden, sollten Trainer, Eltern und andere Beteiligte bestimmte Maßnahmen ergreifen: (1) Integration von Empathie in die Ziele des Sportunterrichts, (2) Dialog, (3) Teambildungsübungen, (4) positive Verstärkung (siehe Kapitel 2.2.2 und Kapitel 3.3.2 zum Umgang mit Fehlern), (5) Fokus auf Selbstverbesserung statt Selbstvergleich, (6) Einbeziehung statt exklusiver Dynamik und (7) regelmäßige Ermutigung und korrigierendes Feedback der Trainer (siehe Kapitel 2.2.4)[36].

Schlussendlich sollte es bei jüngeren Kindern immer darum gehen, Spaß an Aktivität zu entwickeln. Der Sport für U10- bzw. U12-Kinder sollte zum Ziel haben, sicherzustellen, dass am Ende der Saison jedes Kind im Team in der nächsten Saison weiterspielen möchte. Das bedeutet, dass es beim Sport zumindest am Anfang nicht ums Gewinnen gehen sollte oder darum, die guten Spieler von den weniger guten Spielern zu unterscheiden. Die Realität ist, dass die meisten der Kinder keine Spitzensportler werden. Man kann es nicht oft genug betonen: Beim Kindersport sollte es primär darum gehen Spaß zu haben und aktiv zu

sein. Die Verantwortung, dafür zu sorgen, dass die Dinge nicht
zu negativ oder wettbewerbsorientiert werden, liegt bei den Erwachsenen.[41]

Natürlich schmerzen Niederlagen trotzdem – auch oder gerade uns Trainer –, aber da Niederlagen auch einen Lerneffekt
haben, kann ich mittlerweile besser mit ihnen umgehen. Oder,
um nochmals die Worte von Roger Federer aufzugreifen: „Du ak-
zeptierst es. Schrei es heraus, wenn du es brauchst und zwinge
dich dann zu einem Lächeln."[13]

2.5 Die Rückrunde

> Success is not final, failure is not
> fatal: It is the courage to continue
> that counts.
>
> Jerry West[46]

Nach einer kurzen Winterpause konnten wir im Januar noch
ungestört trainieren, bevor es im Februar mit dem nächsten
Spiel weiter ging. Gegen die erfahrene Mannschaft des Tabel-
lenersten waren wir erneut chancenlos. Das Ergebnis von 27:79
war völlig in Ordnung und deutlich besser als im Hinspiel (7:84).
Wir hatten zwar verloren, aber uns gut geschlagen: Erneut hatte sich die Mannschaft weiterentwickelt, die Kinder trauten sich
mehr, hatten Spaß und zogen immer besser zum Korb. Gleich-

---

46 Jerry West (1938–2024) spielte von 1960 bis 1974 erfolgreich bei den
LA Lakers in der NBA. Er gewann den Finals MVP Award 1969 und
das NBA-Logo soll seiner Silhouette nachempfunden sein. Von 1976 bis
1979 engagierte West sich mit mäßigem Erfolg als Trainer der Lakers.
Später soll er gesagt haben: „Coaching ist die schlimmste Erfahrung,
die ich in meinem Leben gemacht habe."

zeitig war klar ersichtlich, dass wir an der Verteidigung und vor allem am Reboundverhalten arbeiten mussten. Teilweise standen unsere Spieler nur passiv unterm Korb und schauten zu, wie der Gegner die Bälle schnappte. Eine andere Beobachtung, die sich schon in den vorherigen Spielen abgezeichnet hatte und die wir nicht abstellen konnten, lag in den Schwierigkeiten der Ballverteidigung. Wir trauten uns nicht, dem Gegner den Ball abzunehmen.

Die sinnvollste Verteidigungsform für Kinder und Jugendliche ist aus unserer Sicht die Ganzfeldmanndeckung. Sie schult Kondition, Aufmerksamkeit und das Raumverständnis am besten und hält den Gegner permanent unter Druck. Gerade für Mannschaften mit einer tiefen Bank sollte diese Verteidigung der Standard sein. Unser beständiger Wunsch war es, die Ganzfeldmanndeckung als Standardverteidigungsform bei den Kindern zu etablieren. Die Verteidigung ist ein Aspekt des Basketballspiels, in dem jeder Spieler gut sein kann. Die einzigen Fähigkeiten, die man braucht, um ein guter Verteidiger zu sein, sind Wille und Einsatzbereitschaft – jeder Spieler, der willens ist, ein guter Verteidiger zu sein, kann es auch werden. Das Wichtigste an einer guten Verteidigung ist nicht unbedingt das Bälleklauen. Das wird zwar am meisten bejubelt – aber um seine Gegner konstant defensiv zu kontrollieren, muss man zwei Dinge tun:

1. Immer vor seinem Gegenspieler bleiben, jeden Wurf verteidigen – keine unbedrängten („uncontested") Würfe erlauben.

2. Keine zweiten Würfe zulassen – ausboxen und rebounden.

Alles, was es braucht, ist Einsatzbereitschaft und Wille. Daher dachten wir, dass man die Kinder durch ausreichendes Training zu einer soliden Manndeckung führen könnte. Allerdings haben Anfänger oft Probleme mit dem Umschalten und laufen ihren Gegenspielern hinterher, was bei einer Ganzfeldmanndeckung auch schwächeren Gegenspielern einfache Korbleger ermöglicht. Verteidigung hat eben auch viel mit Wahrnehmung zu tun – Spielübersicht, schnelles Umschalten, Antizipation von Bewegungen und dazu kommen noch Einsatz und Wille. Das überfordert Anfänger. So ging es uns auch, sowohl während der ersten als auch während der zweiten Saison. Daher sind wir in der Rückrunde meist auf eine Halbfeld-Manndeckung umgestiegen, um erst einmal Ordnung und einen klaren Bezugspunkt für die Spieler zu schaffen, damit sie nicht überlaufen werden. In der zweiten Saison blieben wir meist auch „nur" bei einer Halbfeld-Manndeckung.

Beim nächsten Spiel wollten 14 Kinder mitspielen, sodass wir leider vier Kindern absagen mussten. Auch in dieser Partie war für uns nichts zu holen. Etwas unglücklich verloren wir mit 9:79. Auch wenn niemand offensichtlich frustriert wirkte, hörten die ersten Kinder auf und meldeten sich ab. Basketball machte ihnen keinen Spaß mehr. In gewisser Weise ist das natürlich traurig und ein Misserfolg als Trainer. Aber genau wie bei verlorenen Spielen gilt auch hier, die Enttäuschung zu akzeptieren und mit positiver Energie weiterzumachen. Es blieb uns auch gar nichts anderes übrig, da weiterhin 14–16 Spieler mit Freude zum Training kamen.

Die Hoffnung auf unseren ersten Sieg lag im nächsten Auswärtsspiel gegen den Tabellennachbarn, der bis dahin auch noch nicht gewonnen hatte. Hochmotiviert und etwas angespannt reisten wir an – leider mit nur sechs Spielern, da einige Kinder kurzfristig erkrankt waren. Auch die gegnerische Trainerin wirkte angespannt und kommunizierte sehr lautstark mit ihrer Mannschaft. Die Gegner hatten ein ähnliches Spielniveau wie wir. Nicht nur wir Trainer waren nervös, auch die Eltern fieberten mit: Das Spiel blieb während der gesamten ersten Hälfte spannend, und keine Mannschaft konnte sich deutlich absetzen. Zur Halbzeit stand es 32:33.

Einmal mehr zeigte sich in diesem Spiel, dass wir in der Verteidigung besser zurechtkamen, wenn wir erst ab der Mittellinie verteidigten. Obwohl Lenja und ich überzeugte Befürworter der Ganzfeldmanndeckung gerade bei Jugendmannschaften sind, gelang es unserem Team nicht, über das ganze Feld vor unseren Gegenspielern zu bleiben. Uns fehlte der Biss, immer wieder standen wir nicht zwischen Gegenspieler und Korb. Wenn wir vorne verteidigten, luden wir die Gegner dazu ein, uns zu überlaufen und einfache Korbleger zu erzielen. Mit lautstarken Rufen von der Seitenlinie erinnerten wir die Spieler daran, sich umzudrehen und schnellstmöglich zur Mittellinie zurückzukommen, um die Gegenspieler aufzunehmen. Das klappte deutlich besser und wir ließen keine einfachen Punkte mehr zu.

Im Angriff waren wir relativ ausgeglichen und jeder bekam Wurfgelegenheiten. Elias traf auch aus schwierigen Positionen den einen oder anderen Wurf. Kurz nach der Halbzeitpause unterliefen unserem schnellsten Spieler, Lennard, mehrere Fehlpässe. Völlig unerklärlich passte er in Höhe der Mittellinie den Ball in hohem Bogen zu den Gegnern, die diese Gelegenheiten ausnutzten und einfache Korbleger erzielten. Wir lagen mit zehn Punkten zurück, und es schien, als ob jeder unserer Spieler den Sieg auf eigene Faust erzwingen wollte. Würfe aus schlechten Winkeln wurden forciert, und jeder versuchte auf eigene Faust – selbst gegen mehrere Verteidiger – zum Korb zu dribbeln. So konnte der Gegner den Vorsprung weiter ausbauen und gewann am Ende mit 63:43, obwohl wir eigentlich ein gleichwertiger Gegner waren. Uns fehlten in den letzten Minuten auch die Kraft und die Ruhe, das Spiel noch einmal zu drehen. Diese Niederlage tat weh. Wir waren nicht schlechter als der Gegner gewesen.

Fehler im fünften Achtel und die aufkommende Nervosität hatten ein besseres Ergebnis verhindert. Mit ein paar aufmunternden Worten per WhatsApp nach dem Spiel versuchten wir, die Spieler zu trösten:

> *Vielen Dank allen, die gestern beim Spiel waren.*
> *Danke für die Unterstützung! Es war wirklich ein*
> *gutes Spiel (Halbzeitstand 33:32) und hat Spaß ge-*
> *macht, auch wenn es am Ende nicht ganz zum Sieg*
> *gereicht hat.*

Nach weiteren argen Niederlagen – 8:95 und 22:116 –, bei denen wir deutlich unterlegen waren, stand das nächste Auswärtsspiel an. In der Hoffnung, dass es wenigstens für eine enge Partie reichen würde, gingen wir motiviert ins Spiel. Leider waren wir wieder nur zu sechst. Der gegnerische Trainer und auch der Schiedsrichter munterten uns freundlich auf und versuchten uns zu ermutigen. Sie verlegten die Freiwurflinie für uns etwas nach vorne, aber auch das half leider nicht. Im ersten Achtel hielten wir noch einigermaßen mit (11:8), verloren aber die anschließenden beiden Achtel deutlich mit 11:2 und 16:4, sodass wir trotz gewonnenem vierten Achtel (2:4) zur Halbzeit drastisch zurücklagen (41:17). In der zweiten Halbzeit ging jedes Achtel an den Gegner und so hieß es am Ende 95:32. Es war sehr schön zu sehen, dass heute auch andere Kinder zu Korberfolgen kamen (der erste Korb für Zora) und wir es endlich schafften, schneller von Verteidigung auf Angriff umzuschalten. Lennard lief tolle Schnellangriffe, hängte seine Gegner ab und kam zu guten Korblegern. Leider waren die noch etwas überhastet, weswegen nicht alle trafen. Auf der anderen Seite gelang die Zuordnung zu den Gegenspielern in der Verteidigung immer besser. Allerdings fehlte es noch an einer guten Verteidigungshaltung und der Fähigkeit, sich stets zwischen Gegenspieler und Korb zu positionieren. Am Ende schickten wir wieder motivierende Worte an die Eltern:

> *Ich fand das Spiel heute sehr schön! Es sah schon super aus! Viele der Kinder haben gepunktet und einiges wurde sehr gut umgesetzt. In der Defense müssen wir immer noch viel machen, aber auch das wird besser! Ich freue mich auf die letzten beiden Saisonspiele.*

Bevor es in die letzten Spiele ging, trafen wir uns mit allen Eltern und Spielern zum Pizzaessen. Die Kinder verstanden sich untereinander immer besser. Kaum war die Pizza aufgegessen, tobten sie zusammen vor der Halle auf einem Skaterpark – und das nach zwei Stunden Training!

Jetzt blieb uns nur noch das Nachholspiel gegen den Tabellennachbarn, gegen den wir im Hinspiel bis zur Halbzeit mitgehalten hatten, bevor wir in der zweiten Hälfte unkonzentriert geworden waren. Das war unsere Chance, endlich ein Spiel zu gewinnen! Leider meldeten sich erneut einige Kinder kurzfristig krank. Vor Spielbeginn saßen wir mit sechs Spielern auf der Bank im engen, stickigen Geräteraum der Turnhalle. Zu allem Überfluss verletzte sich ein Spieler beim Aufwärmen, als ihn ein Ball am Kopf traf. Weinend und mit Schmerzen ging er in die Kabine. Mit nur fünf Spielern konnten wir nicht antreten – doch durch guten Zuspruch und tröstende Worte gelang es, Lars zum Mitspielen zu bewegen. Tapfer hielt er die gesamte Partie durch und spielte drei Achtel. Antoine bestritt sein erstes Spiel für uns und erwies sich sofort als starke Bereicherung. Mit seiner Motivation riss er die anderen mit. Manchmal wollte er zu viel und machte sich zu viele Gedanken, doch sein Auge für die Mitspieler war hervorragend und er verbesserte das Teamspiel umgehend. Es entwickelte sich eine schnelle Partie, in der sich keine Mannschaft wirklich absetzen konnte. Doch wie im Hinspiel schwanden in der zweiten Hälfte unsere Kräfte, sodass wir trotz großen Kampfes auch dieses Spiel verloren – allerdings nur knapp mit 47:52. Diesmal waren die Kinder niedergeschlagen und etwas enttäuscht. Es war ein spannendes Spiel gewesen, bei dem alle sicherlich viel gelernt und ordentlich Spaß hatten. Durch die Niederlage standen wir abgeschlagen auf dem letzten Tabellenplatz – wir hatten die wenigsten Körbe erzielt und mit Abstand das schlechteste Korbverhältnis (siehe Tabelle 2.13). Es konnte eigentlich nur besser werden.

Ohne große Hoffnung auf einen Sieg traten wir am letzten Spieltag der Saison gegen den Tabellenzweiten an. Vor allem unser Zusammenspiel funktionierte gut, mit schönen Pässen auf freie Mitspieler. Trotzdem unterlagen wir mit 19:75.

Nach der Saison stand noch der Kreispokal auf dem Spielplan. Wir spielten in der ersten Runde gegen eine Mannschaft aus unserer Liga, die ihr Team für die kommende Saison testen wollte, also auch mit dem jüngeren Jahrgang in der U10 antrat. Phasenweise machten wir ein wirklich gutes Spiel. Zora, die sonst sehr zurückhaltend ist, erzielte gleich zu Anfang einen Korb und war anschließend viel mutiger, kämpfte um Bälle, holte Rebounds und versuchte weiter zum Korb zu kommen. Der wieselflinke Lennard konnte mit seiner Geschwindigkeit ein ums andere Mal super zum Korb dribbeln, war dann aber entweder zu schnell oder warf von außerhalb der Zone. Linda setzte sich oft stark im Eins-gegen-eins durch, stoppte dann aber ab und warf, statt gerade zum Korb weiterzugehen. In der Verteidigung fehlte manchmal die Aufmerksamkeit; so verloren wir unsere Gegenspieler immer wieder aus den Augen. Teilweise konnte der Gegner drei-, viermal ungestört auf den Korb werfen, während wir danebenstanden und zuschauten („Sterntaler"). Im sechs-

Tabelle 2.13: Abschlusstabelle Kreisliga U10 (Jahr 1)

Rang	Team	Spiele (Anzahl)	Punkte	Körbe	Differenz
1	•	12	24	1002:434	568
2	•	12	20	884:413	471
3	•	12	16	651:491	160
4	•	12	12	595:515	80
5	•	12	8	474:582	-108
6	•	12	4	377:874	-497
7	Unser Team	12	0	317:991	-674

ten und achten Achtel trafen wir stark und Antoine hatte einige gelungene Aktionen zum Korb. Lars war beim Dribbeln auch viel sicherer, verpasste aber die optimalen Momente für das Abspiel und Elias traf wiederholt super – wenn auch manchmal von Positionen, von denen er eigentlich nicht werfen sollte. Es waren wirklich viele gute Ansätze zu beobachten, obschon weiterhin viel Verbesserungspotential bestand. Jede gelungene Aktion ließ unser Herz als Trainer höher schlagen. Am Ende stand es, nach umkämpften acht Achteln, 38:50. Mit einer etwas höheren Trefferquote und etwas mehr Aufmerksamkeit beim Defensivrebound hätte es ein Sieg werden können. Aber mit der Niederlage war unsere Bilanz nach einem Jahr bei 0:15 angelangt.

Neben weiterer Arbeit an der Ballsicherheit, gab es drei Punkte, auf die wir uns im Training mehr fokussieren wollten:

1. Aufmerksamkeit bei Würfen: Hände hochnehmen, zum Ball gehen und die Aktion nicht abbrechen, sobald jemand wirft.

2. Verteidigung am Ballführer: Vor dem Gegenspieler bleiben, Geschwindigkeit aufnehmen, angemessenen Abstand halten (nicht nur nach dem Ball schlagen), in Korbnähe die Arme hochnehmen und den Gegner konsequent stören.

3. Sicherheit beim Korbleger: Mit Tempo direkt zum Korb ziehen, nicht außerhalb der Zone abstoppen und werfen, und sich nicht vom Verteidiger abdrängen lassen.

Neben diesen Schwerpunkten für die kommenden Trainingswochen wurde uns bewusst, dass eine einzelne Übungseinheit pro Woche nicht genügt, um die Kinder angemessen auf den Ligabetrieb vorzubereiten. Allerdings sollten wir nicht vergessen, dass unser Team aus Neulingen bestand, die ein Jahr jünger waren als die meisten Kontrahenten. Diese Erklärungen halfen, den Frust zu bewältigen. Weder Lenja noch ich dachten ans Aufgeben. Die beeindruckenden Fortschritte der Kinder, der Teamgeist, die Freude am Training und die hervorragende Elternunterstützung motivierten uns, mit Begeisterung weiterzumachen. Wir waren gerade als Mannschaft zusammengewachsen, hatten Freundschaften geknüpft, und neue Spieler stießen zum Training hinzu. Außerdem kann man als Trainer doch nicht ohne einen Sieg aufhören!

Zehn Erkenntnisse nach Jahr eins

- **Spaß steht im Vordergrund:** Nie vergessen, dass Basketball nur ein Hobby ist und es um die Kinder geht. Mit kleinen Aufgaben die Motivation hoch halten.

- **Beziehungen zu den Kindern aufbauen:** Auch außerhalb des Trainings bzw. Spiels mit den Kindern sprechen, bei Übungen mitmachen (z.B. 1 vs. 1), in Einzelübungen auf die Kinder eingehen.

- **Klare Regeln kommunizieren:** Am Anfang lieber etwas strengere, klare Regeln und Konsequenzen setzen. Über die Zeit lernt man die Kinder besser kennen und weiß, wie man mit jedem Einzelnen umgeht.

- **Aus Fehlern lernen:** Das gilt für Spieler UND Trainer. Fehler sind nichts Schlimmes, man muss nur aus ihnen lernen und einen konstruktiven, positiven Umgang mit Fehlern sicherstellen.

- **Keep it simple and stupid:** Eine unglaubliche Weisheit. Nicht vergessen, ist bei der Arbeit mit jüngeren Kindern eine goldene Regel für Übungen und Erklärungen. ;)

- **Priorisierung von Themen:** Fokus auf einzelne technische Grundlagen, z.B. den Korbleger („Wer Korbleger kann, gewinnt") und das Zusammenspiel. Nicht zu viel auf einmal wollen, z.B. bei der Defense gleichzeitig Haltung, Position und Blickrichtung einüben.

Zehn Erkenntnisse nach Jahr eins (Fortsetzung)

- **Spielen, Spielen, Spielen:** Viele (einfache) Spiele im Training schulen Wahrnehmung und Koordination. Spiele verbessern das Spielverständnis, die Entscheidungsfindung, das Sozialverhalten und die taktische Kompetenz der Spieler.[a]

- **Geduld:** Ob im Training, wenn es chaotisch wird, oder beim Spiel, wenn es nicht läuft, oder hinsichtlich der Entwicklung der Kinder. Nicht den Mut verlieren, gebt euch und den Kinder Zeit – gut Ding braucht Weile.

- **Gewinnen ist nicht alles:** Achte auf Respekt zwischen Mitspielern (z.B. abklatschen) und auch dem Gegner gegenüber (z.B. sich nicht über Gegenspieler lustig machen oder sie mit Gesten zu provozieren).

- **Man kann es nicht allen recht machen!**

---

a   Wir hatten in Kapitel 2.2.3 von „Decision Training" und „spielgemäßem Konzept" gesprochen.

3 Die zweite Saison

I've missed more than 9.000 shots
in my career. I've lost almost 300
games. 26 times, I've been trusted
to take the game winning shot
and missed. I've failed over and
over again in my life. And that's
why I succeed.

Michael Jordan

Im Sommerulaub, unter italienischer Sonne und völlig losgelöst vom Berufs- und Basketballalltag, erreicht mich ein Anruf von Lenja. Sie klingt besorgt und es scheint ihr unangenehm zu sein. Aber alles, worum es geht, ist ihre begrenzte Zeit im kommenden Jahr. Sie beginnt ihr Freiwilliges Soziales Jahr (FSJ) und möchte beim Basketball kürzertreten. Insbesondere würde sie gerne die Verantwortung für die U10-Mannschaft bei den Saisonspielen abgeben. Ich bin total erleichtert, als sie versichert, natürlich als Co-Trainerin der Mannschaft erhalten zu bleiben, weiterhin beim Training dabei zu sein und auch zu den Spielen zu kommen, sofern es die Zeit zulässt. Ansonsten versuchen wir einfach so weiter zu machen wie im letzten Jahr.

Zum Glück bleibt auch ein Großteil der Kinder beim Basketball und spielt weiter. Trotz der Niederlagen und teils frustrierenden Spielen gegen überlegene Gegner, haben die Kinder Spaß am Basketball und Spaß beim Training. Sie verstehen sich auch untereinander mittlerweile (weitgehend) gut. Im Mai/Juni haben die Kinder angefangen sich draußen auf Freikörben zu verabreden und spielen auch mehr und mehr in ihrer Freizeit zusammen Basketball.

Eine praktische Erkenntnis aus dem ersten Jahr betrifft die Spielplanung. Am besten macht man sich schon vor dem Spiel Gedanken über die Achtelaufteilung der Spieler, d.h. wen lässt man in welchem Achtel zusammen spielen. Zur Erinnerung: Jeder Spieler muss mindestens zwei Achtel spielen und darf maximal in sechs Achteln eingesetzt werden. Wenn man dann darauf achten will, dass jeder gleichviel spielt und dass die Achtel ausgeglichen stark besetzt sind, wird die spontane Einwechselung im Spiel unübersichtlich. Ein Beispiel für die Achteleinteilung in einem unserer Spiele findest du in Tabelle 3.2.

3.1 Saisonvorbereitung

> I've always believed that if you put in the work, the results will come.
>
> ———————————
>
> Michael Jordan

Es war klar zu sehen, dass die Technik, das Ballgefühl und das Zusammenspiel sich nur langsam weiterentwickelten und wir einen zweiten Trainingstermin brauchten. Leichter gesagt als getan. Wir benötigten eine Halle – und einen Trainer. Eine zweite Hallenzeit ließ sich glücklicherweise über den Verein organisieren. Weil Lenja aber nur begrenzt Zeit hatte, konnte sie den zweiten Trainingstermin nicht anbieten und ich konnte arbeitsbedingt auch keinen zweiten Nachmittag freiräumen. Netterweise erklärte sich mein alter Vereinsfreund Schubbi bereit auszuhelfen. Wir hatten gemeinsam die Jugendmannschaften durchlaufen und u.a. mit der B-Jugend eine Oberligameisterschaft zusammen gewonnen. Schubbi würde den zweiten Trainingstermin, jeweils gemeinsam mit Lenja oder mir, übernehmen. Für die Mannschaft war er ein echter Glücksfall, da er schon lange Trainer war und viel Erfahrung mitbrachte – und auch, weil er menschlich perfekt zum Team passte. Mit seiner lockeren und witzigen, aber gleichzeitig auch konsequenten Auftreten, konnte er das Team sofort nach vorne bringen. Darüber hinaus konnten Lenja und ich uns viel bei ihm abschauen, von seinen Tipps fürs Training profitieren. Insbesondere lernten wir viel von seiner natürlichen Art, mit den Kindern umzugehen. Das alles gab uns zusätzliche positive Energie.

Die große Frage war: Wie teilen wir uns das zweite Training zwischen drei Trainern auf? Keiner konnte immer. Wir planten also, uns kurzfristig abzustimmen und zur Not mal einen Termin ausfallen zu lassen. Zusätzlich wollten wir den langen spielfreien Sommer mit Testspielen überbrücken.

In den Trainingstagen nach den Sommerferien wurde es wieder etwas unruhiger und einige Spieler beteiligten sich nicht mehr so aktiv. Daher baten wir die Eltern, ihre Kinder daran zu erinnern, dass das Training nur dann allen Spaß macht, wenn sie aufmerksam sind, zuhören und nicht jeder macht, was er will. Training ist kein Zirkus und der Trainer ist nicht der Pausenclown.[1] Diese Bitte an die Eltern verknüpfen wir mit der Einladung, gerne mal beim Training zuzuschauen. Das nahm zwar niemand wahr, aber wir hatten alle Eltern auf unserer Seite. Nach dieser Ansage wurde es im Training wieder ruhiger.

---

1 Auch wenn das genau das Wort ist, das in der Mini-Trainerausbildung gefallen ist: Manchmal muss der Trainer sich auch zum Clown machen, aber eben nicht ständig und nicht nur.

Bei sonnigem Wetter trafen wir uns auf dem Parkplatz vor der Halle zum ersten Testspiel – erfreulicherweise waren wieder alle Eltern dabei. Während die Kinder auf der Wiese und dem Schotterweg tobten, stürzte Zora plötzlich und schlug sich das Knie blutig. Zum Glück hatten wir Pflaster zur Hand, sodass die Verletzung kein Hindernis war, gleich aufs Spielfeld zu gehen. Kurzfristig musste ich als Schiedsrichter einspringen und konnte daher nicht die Mannschaft betreuen. Lenja übernahm das Coaching. Der Gegner wirkte wie eine Kopie unserer Mannschaft vor einem Jahr: Diesmal waren wir in allen Bereichen überlegen – Reaktionsschnelligkeit, Raumwahrnehmung und Technik. Unsere Spieler erkannten Spielsituationen schneller und orientierten sich zügiger zum Korb oder zu ihren Gegenspielern. Da es das erste Spiel unserer Gegner war, gewannen wir problemlos. Bemerkenswert war die Reaktion unserer Spieler nach dem Spiel: Neben der Freude über ihren ersten Sieg zeigten sie auch Respekt gegenüber den Gegnern. Ein Spieler sagte noch auf dem Feld: „So haben wir vor einem Jahr auch gespielt, und jetzt gewinnen wir mit 100 Punkten." Diese Selbstreflexion in diesem Alter ist beeindruckend und zeigt, dass die harte Schule des vergangenen Jahres nicht nur spielerische Fähigkeiten, sondern auch soziale Kompetenzen wie Empathie und Verständnis für Unterlegene gefördert hat (siehe Kapitel 2.4).

Das zweite Testspiel fand an einem Freitagabend Ende September in unserer heimischen Halle statt. Wir traten gegen eine U12-Mannschaft an, deren Spieler älter und körperlich überlegen waren, aber noch wenig Erfahrung hatten. Zu allem Überfluss waren beide Teams ersatzgeschwächt, da erneut eine Krankheitswelle umging. Auch in diesem Spiel zeigte sich, dass Spielerfahrung körperliche Vorteile ausstechen kann: Unser Team reagierte in vielen Situationen schneller und agierte zielstrebiger in den Aktionen zum Korb. Zum Ärger der älteren

Gegenspieler und ihres Trainers konnten wir die Partie knapp für uns entscheiden. Dieser Sieg gegen körperlich stärkere Gegner brachte zusätzliche Motivation und ließ uns mit einem guten Gefühl in die neue Saison starten. Spieler, die vor einem Jahr noch unsicher waren und nicht wussten, wie sie sich mit dem Ball auf dem Feld bewegen sollten, dribbelten nun zielstrebig und ohne Schrittfehler zum Korb. Es war großartig, diese Entwicklung zu sehen. Auch jetzt, mit etwas Abstand, zaubert uns dieser Fortschritt ein breites Lächeln ins Gesicht. Das ist die Freude am Trainieren – es erfordert Geduld, doch es ist unglaublich erfüllend.

Unser Training hatte sich ebenfalls weiterentwickelt. Fangspiele spielten kaum noch eine Rolle; stattdessen führten wir mehr basketballbezogene Übungen und Spiele durch. Vier Beispiele von Trainingsplänen aus dem zweiten Jahr der U10 sind in Tabelle 3.1 dargestellt. Wir legten Wert darauf, möglichst viele Übungen mit dem Ball zu machen (sofern genügend Bälle verfügbar waren), intensiv zu dribbeln, weiterhin an Korblegern zu arbeiten und viel zu spielen.

Um uns die Entscheidungen, wer wann aussetzt und wer spielt einfacher zu machen, hatten wir begonnen, die Trainingsbeteiligung zu dokumentieren. Wer war wann beim Training? Wer war krank? Das erwies sich als eine super Hilfe im späteren Saisonverlauf. Außerdem konnten wir so die Trainingsbeteiligung im Auge behalten. Mit der Zeit entwickelten wir das Tracking weiter und nutzten es auch, um die Punkte pro Achtel, die Punkte pro Spieler, aber auch das Plus-Minus-Verhältnis je Achtel für Einzelspieler und Spielerpärchen im Auge zu behalten.[2]

---

2 Das Plus-Minus-Verhältnis beschreibt die Punktedifferenz zwischen den erzielten Punkten des eigenen Teams und den Punkten des Gegners, während ein Spieler auf dem Feld ist. Diese Statistik bewertet nicht die individuellen Beiträge eines Spielers, sondern zeigt, ob das Team

Tabelle 3.1: Beispiele für Trainingspläne im zweiten Trainingsjahr

Trainingsplan 1	Trainingsplan 2
Trainingsplan 3	**Trainingsplan 4**

115

Anfang September fand die Basketball-Weltmeisterschaft in Indonesien, den Philippinen und Japan statt. Die Deutsche Mannschaft schlug sich überragend und stand am 8.9. im Halbfinale gegen die USA, u.a. mit Anthony Edwards, Tyrese Haliburton, Jaren Jackson Jr. und Austin Reaves. Das sind zwar nicht die Top-Stars, aber eine durchweg mit NBA-Profis besetzte Mannschaft mit einem erfahrenen Trainerteam rund um Steve Kerr.[3] Das Spiel fand zur Trainingszeit statt. Wir stellten einen Laptop in den Geräteraum, ein paar Stühle davor und ließen die Interessierten das Spiel schauen und die, die keine Lust hatten, auf die Körbe spielen. Die Mehrzahl schaute das Spiel. Es war eine unfassbare Teamleistung der DBB-Mannschaft. Zwischendurch steckten auch die Vereinskollegen aus den anderen Halle ihre Köpfe herein und schauten neugierig auf den Punktestand. Das Spiel entschied sich erst in den Schlusssekunden: 113 zu 111 für Deutschland – eine riesige Sensation und erzeugte nochmal einen großen Push für den Basketball in uns. Auch die Kinder schien das Spiel beeindruckt und ihren Enthusiasmus weiter angefacht zu haben. Sie trainierten mit viel Energie und Freude.

---

insgesamt besser abschneidet, wenn er spielt. Im Mini-Basketball, wo Spieler nur in den Achtelpausen gewechselt werden können, lässt sich diese Metrik besonders leicht berechnen.

3 Steve Kerr ist ein US-amerikanischer Basketballtrainer und ehemaliger NBA-Spieler. Als Spieler gewann er mit den Chicago Bulls und den San Antonio Spurs insgesamt fünf Meisterschaften. Mit den Golden State Warriors wurde er als Trainer viermal NBA-Champion. Kerr ist bekannt für seine Führungsqualitäten, seine strategische Denkweise und seine Fähigkeit, Teams zu Höchstleistungen zu führen.

3.2 Die Hinrunde

> Wer an einem Tag unten ist, kann
> am nächsten oben sein, es sei
> denn, er will wirklich im Bett
> bleiben.

Miguel de Cervantes[4]

Nach zwei gewonnenen Testspielen im Sommer und einer schwierigen Vorsaison starteten wir als U10-1 an einem Sonntagmorgen um 10 Uhr in die Saison 2023/24. Das erste Spiel war eine Auswärtspartie in einer großen Mehrzweckhalle. Bereits auf dem Weg vom Parkplatz zum Eingang verliefen wir uns, und auch in der Halle war es nicht weniger verwirrend: Von der Tribünenseite führte eine Treppe hinunter, dann quer über das Spielfeld und auf der anderen Seite wieder hinauf in den ersten Stock, wo sich die Kabinen befanden. Gespielt wurde auf einem Querfeld, da die Körbe nicht auf die vorgeschriebene Höhe von 2,6 Metern abgesenkt werden konnten. Stattdessen wurde ein abgesenkter Korb an die Korbanlage montiert, wodurch der Korb näher an der Freiwurflinie und weiter von der Grundlinie entfernt war – eine kleine Herausforderung für die Orientierung unserer Spieler.

Mit zehn hochmotivierten Kindern und angefeuert von zahlreichen mitgereisten Eltern starteten wir ins Spiel. Gleich im ersten Achtel setzten wir uns mit 14:6 ab. Der Gegner spielte eine solide Verteidigung und stellte uns immer wieder vor Schwierigkeiten. Im zweiten Achtel holte er etwas auf, doch bis zur Halbzeit bauten wir dank einer geschlossenen Mannschaftsleistung

---

4 Miguel de Cervantes Saavedra (1547–1616) war ein spanischer Schriftsteller. Sein bekanntestes Werk ist der Roman „Don Quijote".

den Vorsprung auf 47:25 aus. Die Kinder jubelten bei jeder gelungenen Aktion, manchmal fast ein wenig zu überschwänglich. Sie feuerten sich gegenseitig an, doch Antoine mussten wir ermahnen, als er nach einem Treffer eine Geste zu den Zuschauern machte. Solche Gesten wollten wir von Anfang an unterbinden, um Respekt gegenüber Gegnern und Zuschauern zu wahren (siehe Kapitel 2.2.1) und den Fokus auf das Spiel zu richten. Auch ein Durchhänger im sechsten Achtel, das wir mit 4:14 verloren, änderte nichts am Spielverlauf. Dank gutem Zusammenspiel und einer hohen Trefferquote gewannen wir den Saisonauftakt ungefährdet mit 85:53. Überraschenderweise fragten die Spieler nach dem Abpfiff unsicher, ob wir das Spiel gewonnen hätten – doch die anschließende Freude über ihren ersten Sieg in einem Meisterschaftsspiel war riesig! Wir hatten sogar die meisten Achtel deutlich für uns entschieden (Ergebnisse: 14:6; 6:9; 10:4; 17:6; 15:5; 4:14; 11:4; 8:5). Wie sich später herausstellte, war unser Gegner eines der stärkeren Teams in der Liga, dessen Verteidigung noch manch andere ins Schwitzen bringen würde.

Die Fortschritte unserer Spieler waren beeindruckend, aber auch wir Trainer hatten uns weiterentwickelt. Die Organisation vor dem Spiel – vom Ausfüllen des Bogens über das Aufwärmen bis hin zur Ansprache des Teams – lief (weitgehend) reibungslos. Während des Spiels teilten wir uns nahtlos auf: Einer kümmerte sich um die Einwechselspieler und gab Anweisungen – etwa zur Zuordnung der Gegenspieler –, während der andere mit den ausgewechselten Spielern redete und Verbesserungsmöglichkeiten besprach. Einer von uns stand an der Seitenlinie, der andere betreute die Kinder auf der Bank.

Bereits am folgenden Freitagabend stand das nächste Auswärtsspiel an. Vor vollen Zuschauerrängen in einem Hallendrittel einer großen Sporthalle starteten beide Mannschaften nervös ins Spiel. Das erste Achtel endete punktearm mit 4:2 für uns –

wie sich im Laufe der Saison zeigen sollte, war das erste Achtel selten unsere Stärke. Doch von Abschnitt zu Abschnitt fanden wir besser ins Spiel: Wir waren schnell bei den Einwürfen – einer unserer Schwachpunkte in der Vorsaison – und insgesamt deutlich aufmerksamer. Immer wieder schienen wir den Gegnern einen Schritt voraus zu sein. Zur Halbzeit führten wir bereits mit 44:28. Erneut zeigte das Team ein starkes Zusammenspiel, sodass alle acht Spieler punkteten und der Sieg nie gefährdet war (Endstand: 88:40). Besonders Antoine fiel durch seinen Teamgeist auf, da er immer wieder darauf achtete, dass seine Mitspieler punkten konnten – ein Verhalten, das uns Trainer besonders freute. Der Saisonstart war geglückt; die Erleichterung und Freude über zwei Siege waren den Kindern deutlich anzusehen. Mit breitem Lächeln gingen sie in die Kabine.

Das nächste Spiel war ein Heimspiel und entwickelte sich zu einer spannenden Partie mit ständig wechselnder Führung. Keiner konnte sich deutlich absetzen, doch glücklicherweise blieb die Atmosphäre bei den Zuschauern und Trainern entspannt. Wir kannten den gegnerischen Trainer aus gemeinsamen Basketballtagen und verstanden uns gut. In der Halbzeit tauschten wir uns aus und freuten uns darüber, dass beide Teams auf einem ähnlichen Niveau spielten und sich gegenseitig alles abverlangten – genau so lernen Kinder am besten. Zur Halbzeit führten wir knapp mit 34:32. Nach einem schwächeren dritten Achtel lagen wir jedoch mit 39:44 zurück. Erst in den letzten drei Abschnitten steigerten wir uns deutlich in der Verteidigung und ließen nur noch acht Punkte zu, während wir selbst 31 erzielten. Am Ende gewannen wir mit 70:52 – ein Ergebnis, das deutlicher aussah, als es tatsächlich war. Nach dem Spiel wurde es in unserer WhatsApp-Gruppe etwas ausgelassener:

3 Die zweite Saison

*Hey ihr coolen Socken, das ist echt super, dass wir
gewonnen haben. Glückwunsch an die Spieler, treuen
Fans und Coaches!*

Eine Woche später stand das nächste Auswärtsspiel an. Wie
immer waren alle Eltern dabei. Leider hatte sich Antoine im
Training bei einer 3:2-Übung verletzt und war umgeknickt.
Humpelnd kam er in die Halle, um seine Mannschaft zu unterstützen. Vor dem Spiel sprach uns der Hausmeister an, weil
weder Zuschauer noch Verkaufsstände in den Geräteräumen erlaubt seien – freundlich verwiesen wir ihn an den heimischen
Übungsleiter.

Vor und während des Spiels waren wir erstaunlich gelassen –
ich sogar noch mehr als Lenja. Nach den vielen Niederlagen im
letzten Jahr hatten wir in den ersten drei Saisonspielen bereits
bewiesen, dass wir auch gewinnen können. Der Druck war nicht
mehr so groß, und irgendwie freuten wir uns darüber, dass die
Kinder wieder ein enges Spiel hatten. Wir hielten uns konsequent an unsere Achteleinteilung (siehe Tabelle 3.2), unabhängig vom Spielstand oder den gegnerischen Spielern. Wie immer
sollte jeder seine Spielzeit bekommen. Mit zehn Spielern konnte
jeder drei Achtel spielen, während zwei Spieler vier Achtel absolvierten – diesmal waren das Justus und Moritz. Nach dem
zweiten Achtel lagen wir mit einem Punkt zurück (16:17), gewannen das dritte knapp, gingen jedoch im vierten Abschnitt
unter. Nicht weil wir schwächer waren, sondern weil wir unbewusst Mila in der Verteidigung gegen den besten Scorer des
Gegners stellten – einen kleinen, unscheinbaren Spieler, der dennoch fast alle Punkte erzielte. Zur Halbzeit stand es 25:31, noch
war alles offen. Die zweite Halbzeit verlief absolut ausgeglichen
und endete 31:31. Im letzten Achtel wäre vielleicht mehr möglich gewesen, doch einige Spieler wollten die Körbe erzwingen
und nahmen dadurch nicht immer die besten Würfe. Am En-

de verloren wir knapp mit 56:62. Heute mussten wir Trainer uns eingestehen, dass wir die Niederlage zu verantworten hatten, wir hatten die Gegenspieler falsch eingeschätzt und dadurch keine gute Einteilung in der Verteidigung – die Spieler hatten alles gegeben. Vielleicht war das ein notwendiger Dämpfer, der uns vor Augen führte, dass nicht alles von alleine läuft und wir weiterhin an uns arbeiten müssen. Die Spieler waren natürlich enttäuscht. Unsere Aufgabe als Trainer bestand nun darin, sie wieder aufzubauen, ihnen Mut zu machen und sie an den Spaß zu erinnern, für den wir gemeinsam trainieren und spielen. Es ging darum, eine mentale Balance herzustellen: Die überschäumende Euphorie nach Erfolgen zu bremsen und daran zu erinnern, dass Siege nicht selbstverständlich sind; den Fokus auf Leistung und Einsatz zu legen statt auf das Ergebnis; Fehler anzusprechen und Verbesserungspotenziale aufzuzeigen, um die Weiterentwicklung zu fördern. Nach Niederlagen hingegen mussten wir Energie und Motivation zurückbringen – die Enttäuschung zulassen, aber gleichzeitig den Blick nach vorne richten und Positives hervorheben. Sätze wie „*Wir haben tolle Ansätze gezeigt, und daran können wir im Training weiterarbeiten*" halfen dabei.

Weder Siege noch Niederlagen definieren die Spieler als Person – es geht um Wachstum, Freude am Spiel und kontinuierliche Entwicklung. Wie John Wooden sagte: „*Das ganze Leben besteht aus Höhen und Tiefen. Lass die Höhen nicht zu hoch und die Tiefen nicht zu tief werden.*"[5] Nach der Niederlage veranstalteten wir ein lockeres Training mit Musik und vielen Spielen, um jeglichen Druck von den Spielern zu nehmen – insbesondere jenen Druck, den sie sich möglicherweise selbst gemacht hatten.

---

5 John Wooden: „All of life is peaks and valleys. Don't let the peaks get too high and the valleys too low."

Tabelle 3.2: Achtelaufteilung Spiel 3

Spieler	Achtel								# Achtel pro Spieler
	1	2	3	4	5	6	7	8	
Mila	x			x			x		3
Zora			x			x		x	3
Elias		x			x		x		3
Lars		x		x		x			3
Lennard		x		x			x		3
Linda		x			x		x		3
Moritz	x		x			x		x	4
Justus	x		x		x			x	4
Levin	x			x		x			3
Till			x		x			x	3
# Spieler pro Achtel	4	4	4	4	4	4	4	4	32

122

Es blieb keine Zeit, den Kopf in den Sand zu stecken, denn eine Woche später ging es mit einem vereinsinternen Duell weiter. Die zweite U10-Mannschaft unseres Vereins hatte regen Zulauf und wurde von einer engagierten Trainertruppe betreut. Wir gingen die Partie entspannt an. Nach zwei Achteln stand es 14:12 – die Zweitvertretung wollte sich keinesfalls kampflos geschlagen geben. Im dritten und vierten Achtel setzten wir uns dann besser durch: Unsere Verteidigung unterband die Angriffe der Gegner effektiver, wir fingen viele Bälle ab und erzielten durch Schnellangriffe einfache Körbe. Zur Halbzeit hatten wir uns einen deutlichen Vorsprung von 39:14 erspielt. Nach der Pause folgte zwar ein kleiner Durchhänger, doch der Sieg geriet nicht mehr in Gefahr. Am Ende gewannen wir souverän mit 68:38.

Die letzten Trainingseinheiten vor den Weihnachtsferien verliefen locker – die Luft für dieses Jahr war erst einmal raus. Bei einer kleinen Weihnachtsfeier stießen wir gemeinsam mit den Eltern auf den gelungenen Saisonauftakt an. Die Kinder hielten es nicht lange bei Keksen, Kakao und Mandarinen aus und tobten stattdessen im Dunkeln auf der Skaterbahn. Es war schön zu sehen, wie gut sie sich mittlerweile verstanden – auch wenn es hin und wieder Reibereien gab. Die Elternschaft war ebenfalls enger zusammengerückt, und die Stimmung auf und neben dem Platz war hervorragend. Diesen Rückhalt und die Unterstützung spürten wir Trainer deutlich, was uns umso mehr Freude bereitete, uns für die Kinder und das Team einzusetzen.

Zu Beginn des Jahres 2024 organisierte unser Verein erneut das Neujahrs-Camp für die Mini-Jahrgänge. Unter den 65 Teilnehmern waren auch einige Spieler aus unserer Mannschaft. In diesem Jahr wurden die Kinder jahrgangsübergreifend in drei Kategorien eingeteilt: Rookies/Freshmen, Sophomores und Juniors. Jede Kategorie sollte für einen gewissen Schwierigkeits-

Abbildung 3.1: Weihnachtsfeier

grad stehen, um so die Trainingseinheiten an die Fähigkeiten der Teilnehmer anzupassen. Nach intensiven Tagestrainings gab es nach dem Abendbrot Gelegenheit, den Basketball beiseite zu legen und etwas anderes auszuprobieren. Im Angebot waren u.a. Tischtennis, Hintertor-Hockey, Dodgeball, Ultimate Frisbee – und zur Erholung Geschicklichkeitsübungen in Form von Gesellschaftsspielen. Das Camp ist nicht nur eine tolle Gelegenheit für die Kinder, Zeit mit ihren Freunden in der Halle zu verbringen, sondern auch für junge Trainer oder die, die es mal werden wollen, erste Erfahrung im Umgang mit jungen Spielern zu sammeln und Übungen auszuprobieren. In diesem Jahr waren 15 Coaches dabei; davon viele, die noch keine eigene Mannschaft trainierten. Neben dem Spaß der Kinder, ist es für uns immer ein Highlight, wenn sich beim oder nach dem Camp neue Trainer finden, die ihre Begeisterung am Coachen entdeckt haben.

Dazu gehört auch, dass sich die Neu-Trainer, wie in den Vorjahren, einen Fun-Parcours ausdenken, den die Kids zum Abschluss zu bewältigen hatten. Ein Riesenspaß für alle Beteiligten.

Im neuen Jahr blieb kaum Zeit zur Vorbereitung, denn bereits in der zweiten Januarwoche stand das nächste Auswärtsspiel an. Am Samstagvormittag suchten wir früh morgens nach Parkmöglichkeiten in der Nähe der Sporthalle. Schließlich parkte ich den Wagen am Straßenrand einer Seitenstraße vor einer Kneipe. Auf dem kurzen Fußweg zur Halle trafen wir die anderen Spieler und Eltern. In der Halle herrschte reges Treiben, da auf den beiden Nachbarfeldern trainiert wurde. Schon vor dem Spiel sprach mich ein alter Basketballfreund an, der Vater einer Spielerin des Gegners war. Er erzählte, dass ihre Saison bisher äußerst enttäuschend verlaufen sei und seine Mannschaft große Schwierigkeiten habe. Alle bisherigen Spiele hatten sie deutlich verloren – eine Situation, die uns an unser erstes Jahr erinnerte.

Wir traten heute mit nur sieben Spielern an, da sich der Rest krank abgemeldet hatte. Dadurch konnte jeder mindestens vier Achtel, also 20 Minuten auf dem Feld stehen. Die Gegner hatten gerade erst mit dem Basketball begonnen und waren unserem Team entsprechend unterlegen. Obwohl wir erst ab der Mittellinie verteidigten, war dies nur eine geringe Erleichterung für die Gegner. Bereits zur Halbzeit führten wir deutlich mit 44:4. Im sechsten und achten Achtel schalteten wir etwas zurück, sodass die Gegner ebenfalls zu Punkten kamen (8:6 und 9:8). Es war schön zu sehen, wie sich die gegnerischen Spieler über ihre erzielten Körbe freuten und auch etwas Spaß hatten. Wir hofften, dass sie dadurch ermutigt wurden, weiterzumachen. Zu beobachten, wie leicht unser Team mittlerweile Spiele gewinnen konnte, machte Eindruck. Letztes Jahr hatten wir selbst mit unseren besten Spielern Schwierigkeiten; jetzt konnten alle mithalten.

3 Die zweite Saison

Den Abschluss der Hinrunde bildete ein Nachholspiel gegen eine weitere Mannschaft mit vielen Basketball-Neulingen. Diesmal traten wir mit zehn Spielern an und verteilten die Spielzeit gleichmäßig. Überraschend war lediglich, dass wir sieben von acht Achteln mit mehr als fünf Punkten Vorsprung für uns entschieden – die meisten sogar mit mehr als zehn Punkten –, aber das siebte Achtel mit 2:7 verloren.

Die erste Saisonhälfte verlief insgesamt deutlich besser als erwartet. Neben der großartigen Entwicklung unserer Spieler und dem Zusammenwachsen des Teams hatte sich auch die Gemeinschaft der Eltern gestärkt. Zudem wuchs die Mannschaft weiter: Mittlerweile kamen regelmäßig 16 Kinder zum Training. Zum Glück wollten einige nicht immer an den Meisterschaftsspielen teilnehmen, sodass die Spielzeit gleichmäßig auf die ersten zehn Spieler verteilt werden konnte. Eine einfache Möglichkeit die Spielzeit zwischen den Spielern zu vergleichen, ist es auf die Anzahl der gespielten Achtel zu schauen bzw. den Anteil der gespielten Achtel (Anzahl der gespielten Achtel geteilt durch die Gesamtzahl der Achtel). Z.B. werden in fünf Spielen insgesamt 40 Achtel gespielt. Wenn man mit zehn Spielern antritt und die Spielzeit gleichmäßig verteilt, spielt jeder Spieler vier Achtel bzw. 10% der Achtel. Bei 12 Spielern wären es 3,3 Achtel bzw. 8,3% der Achtel. Bei unserer Mannschaft lag der Anteil der gespielten Achtel bei zehn Spielern bei sieben bis zehn Prozent pro Spieler, während bei den übrigen sechs Kindern aus unterschiedlichen Gründen – etwa Krankheit oder ein verspäteter Einstieg ins Team – nur null bis fünf Prozent erreicht wurden (siehe Tabelle 3.3).

Eigentlich sollte sich die Spielzeit stärker an der Trainingsbeteiligung orientieren. Daher betrachteten wir nicht nur die Anzahl der gespielten Abschnitte, sondern auch die Anzahl der Trainingseinheiten pro gespieltem Achtel als Metrik für eine faire Verteilung. Mit dieser Methode konnten wir die geringere Trainingsbeteiligung berücksichtigen und einen Vergleich zwischen den Spielern hinsichtlich ihrer Spielzeit im Verhältnis zum Trainingseinsatz anstellen. Unser Ziel war es, allen Spielern möglichst gleiche Einsatzzeiten zu bieten. Entsprechend waren die Schwankungen in dieser Statistik geringer – abgesehen von zwei Spielern, die in der Hinrunde nicht mitgespielt hatten. Für Leo und Dominik planten wir in der Rückrunde mehr Spielzeit ein, da beide im Vergleich zu den anderen häufiger trainiert hatten (1,64 bzw. 1,33 Trainingseinheiten pro gespieltem Achtel gegenüber 0,62 bei Till – siehe Tabelle 3.3).

3.3 Neue Herausforderungen

> If you're trying to achieve, there will be roadblocks. I've had them; everybody has had them. But obstacles don't have to stop you. If you run into a wall, don't turn around and give up. Figure out how to climb it, go through it, or work around it.

Michael Jordan

Auch im zweiten Jahr lief natürlich nicht immer alles glatt. Einige Spieler hatten uns verlassen, neue kamen dazu, was weiterhin zu großen Leistungsunterschieden im Team führte. Das stellte uns als Trainer vor viele Herausforderungen. Einige dieser Herausforderungen und wie wir damit umgegangen sind, wollen wir in diesem Kapitel näher betrachten.

Tabelle 3.3: Trainingsbeteiligung und gespielte Achtel in der Hinrunde

Spieler	Trainingsbeteiligung (%)	# Achtel gespielt	% Achtel gespielt	TpgA[a]
Till	60%	29	10%	0,62 (--)
Elias	87%	27	9%	0,96 (~)
Justus	83%	25	9%	1,00 (~)
Lennard	80%	27	9%	0,89 (~)
Mila	77%	25	9%	0,92 (~)
Levin	73%	22	8%	0,91 (~)
Zora	73%	22	8%	1,00 (~)
Moritz	67%	22	8%	0,91 (~)
Antoine	53%	22	8%	0,73 (-)
Lars	60%	21	7%	0,86 (-)
Linda	40%	13	5%	0,92 (~)
Dominik	60%	11	4%	1,64 (++)
Leo	53%	12	4%	1,33 (+)
Oskar	17%	6	2%	0,83 (-)
Etienne	50%	-	-	-
Diego	47%	-	-	-
Gesamt	**100%**	**288**	**100%**	**1,04**

a Trainingseinheiten pro gespieltem Achtel (TpgA). Eine Zahl größer 1 zeigt an, dass ein Spieler mehr Trainingseinheiten absolviert hat als Achteleinsätze. Eine Zahl kleiner 1 zeigt an, dass ein Spieler mehr Achtel gespielt hat als Trainingseinheiten absolviert. Der Mannschaftsdurchschnitt liegt bei 1,04 TpgA, d.h. jemand, der mehr als 1,04 TpgA absolviert hat, sollte in mehr Achteln eingesetzt werden; ein Spieler, der weniger als 1,04 TpgA absolviert hat, sollte in weniger Achteln eingesetzt werden – vorausgesetzt, man möchte alle Spieler rein auf Basis der Trainingsbeteiligung einsetzen. Das Symbol in Klammern deutet an, wie die Spielzeit für den betreffenden Spieler in der Rückrunde angepasst werden sollte.

Basketball ist ein Teamsport – das Zusammenspiel ist fundamental. Uns war wichtig, den Kindern bewusst zu machen, dass es nicht darauf ankam, wer die Körbe erzielte, sondern dass wir zusammenhielten. Es war natürlich nicht einfach, einem Werfer, der sich selbst für sicher hielt, zu sagen, er solle den Ball an einen vermeintlich schwächeren Mitspieler abgeben, wenn dieser unter dem Korb freistand. Wie konnten wir trotz neuer Spieler und großer Leistungsspanne das Zusammenspiel verbessern, den Teamgeist weiter stärken und die Kinder zu einem besseren Team machen? Wie konnten wir verhindern, dass einzelne Spieler sich nicht als Teil des Teams fühlten?

Neben dem Freitagstraining hatten wir in dieser Saison eine Trainingseinheit am Dienstag eingeführt. Mit Schubbi hatten wir dafür zwar einen weiteren Coach gewonnen, aber wir mussten uns intensiver abstimmen und sicherstellen, dass die Kinder durch die Trainerwechsel nicht überfordert wurden. Nach einem Jahr voller Niederlagen hatten wir in der Hinrunde die meisten Spiele problemlos gewonnen. Doch wie sollten wir die Motivation und Konzentration weiterhin hochhalten? Was sollten wir tun, wenn es einmal nicht gut lief? Wie sollten wir mit Spannungen im Team umgehen? Wie den Kindern am besten helfen, sich individuell weiterzuentwickeln? Nach mehr als einem Jahr Training hatten sich einige Abläufe gefestigt. Wir wollten die Kinder auf das nächste Level bringen. Wie können wir die Kinder weiter begeistern und gleichzeitig an ihren Schwächen arbeiten?

Fragen über Fragen, die wir uns teilweise nicht explizit stellten, die aber im Laufe der Rückrunde immer wieder aufkommen sollten.

3.3.1 Teamgeist und Freundschaft

> A house divided against itself will
> not stand.

Lukas 11:17

Zwei der wichtigsten Werte, die Kinder durch Sport lernen können, sind Teamgeist und Freundschaft. Diese Werte sind besonders im Mannschaftssport – also auch beim Basketball – von großer Bedeutung für den Erfolg, aber auch den Spaß und die langfristige Motivation.

Teamgeist bedeutet, dass alle Mitglieder einer Gruppe zusammenarbeiten, um ein gemeinsames Ziel zu erreichen. Für Kinder im Alter von acht bis zwölf Jahren ist dies eine wichtige Lektion: Sie lernen, wie man effektiv mit anderen kommuniziert, Aufgaben teilt und sich gegenseitig unterstützt. Teamgeist fördert nicht nur den Erfolg der Mannschaft, sondern stärkt auch das Vertrauen in die eigenen Fähigkeiten und die der Mitspieler. Als Einheit, als geschlossenes Team ist man in der Lage mehr zu erreichen als ein Einzelspieler. In Rudyard Kiplings „Das Dschungelbuch" heißt es: „Die Stärke des Rudels ist der Wolf, und die Stärke des Wolfes ist das Rudel." Ein Ausspruch, den sowohl John Wooden als auch Phil Jackson benutzt haben.[34],[3] Jeder Einzelne trägt zur Stärke der Gruppe bei, und die Gruppe stärkt den Einzelnen. Aber, wie Phil Jackson ebenfalls feststellt: „Einheit ist nicht etwas, das man auf Knopfdruck einschalten kann. Es gilt, das richtige Umfeld zu schaffen, damit sie sich entfaltet, und dann muss sie jeden Tag wie eine Pflanze behutsam gepflegt werden, damit sie wächst."[3] Unsere Aufgabe als Trainer bestand darin, als Vorbild voranzugehen und durch Anfeuern und positive Verstärkung den Kindern zu helfen zu einem Team zusammenzuwachsen.

Kinder wollen sich beweisen, zeigen, dass sie besser sind, und neigen dadurch zu Einzelaktionen. Sie wollen Punkte selbst erzielen, einen Dreier werfen und nicht den Ball an schwächere Spieler abgeben, selbst wenn diese in einer besseren Wurfposition sind. Das war auch bei unserem Team so. Und dieses Verhalten ist ansteckend: Wenn ein Spieler nicht passt, dann passt der nächste Spieler auch nicht, und jeder versucht alles alleine zu machen. Im Ergebnis fällt das Team auseinander. Wenn sich solche Aktionen häufen, fällt es auch den Eltern auf und sorgt für weiteren Unmut und Unruhe am Seitenrand.

Junge Spieler, die gut sind und in ihren Mannschaften überragen, werden oft herausgestellt und über den Klee gelobt. „Wenn die meisten späteren NBA-Spieler Schüler der Mittelstufe sind, werden sie mit einer Welt konfrontiert, die das egoistische Verhalten fördert. Je älter und je erfolgreicher sie werden, desto mehr werden sie von etlichen Agenten, Promotern, Groupies und anderen Speichelleckern umgeben, die ihnen immer wieder sagen: ‚Eh Mann, du bist es¡ Es dauert nicht lange, bis sie anfangen, das wirklich zu glauben."[3] Dem gilt es als Trainer entgegenzuwirken.

Die Entwicklung von Teamgeist und Freundschaft beginnt mit der Förderung einer positiven Teamkultur durch Trainer und Eltern. Trainer können Kinder ermutigen ihre Mitspieler zu unterstützen und ihre Erfolge zu feiern, anstatt sich nur auf individuelle Leistungen zu konzentrieren. Leistung muss nicht immer ein erfolgreicher Korbabschluss sein, sondern kann auch ein guter Pass, ein gelungener Steal oder ein gesicherter Rebound sein. Uns war wichtig, dass die Punkte nicht für den Einzelnen, sondern für die Gruppe erzielt werden. Ein effektives Teamtraining beinhaltet aus unserer Sicht zum Beispiel Übungen, bei denen die Kinder lernen, wie man Pässe spielt, Räume schafft und defensiv zusammenarbeitet. Diese Übungen fördern das Verständnis dafür, wie wichtig jede Rolle im Team ist und dass der Erfolg eines Teams auf der Zusammenarbeit aller Mitglieder beruht. Über eines sollte man sich aber immer im Klaren sein: Als Coach braucht man (sehr) viel Geduld. Das Zusammenwachsen als Mannschaft benötigt besonders viel Zeit. Rory Sutherland[6] sagte einmal:

> *Vertrauen wächst mit der Geschwindigkeit einer Kokosnusspalme und fällt mit der Geschwindigkeit einer Kokosnuss.*

Im Training und im Spiel haben wir stets die Wichtigkeit des Abspielens und des Suchens nach freien Mitspielern betont. Auch wenn der Mitspieler den Ball nicht fing oder den Korb verfehlte, gab es von uns immer Lob für den Pass zum besser postierten Teamkollegen. Die Eltern bemerkten die zunehmende Verbesserung im Zusammenspiel. In Spielen haben wir am deutlichsten geschimpft, wenn ein Spieler, anstatt auf einen freien Mitspieler zu passen, einen Distanzwurf machte – unabhängig davon, ob der Ball im Korb landete oder nicht. Hätte man bei den Minis wechseln können, hätten wir den betreffenden Spieler nach einer solchen Aktionen sofort rausgenommen. Auch im Training wurden wir regelmäßig lauter, wenn nicht gepasst wurde.

Neben der ständigen Erinnerung an die Bedeutung des Zusammenspiels, sollte man als Trainer Übungen kultivieren, die Zusammenarbeit und Kommunikation innerhalb des Teams betonen, um das Zusammenspiel und den Teamgeist zu fördern. „Effektive Teamarbeit beginnt und endet mit Kommunikation", wusste schon Mike Krzyzewski (Coach K).

---

6 Rory Sutherland ist ein Werbefachmann und Vorsitzender der Unternehmensgruppe Ogilvy & Mather. Im Original sagte er: „Trust grows at the speed of a coconut tree and falls at the speed of a coconut."

Eine Übung, die wir öfter in der Frühphase der Saison durchgeführt haben, ist das „Team-Kreis-Passen": Die Kinder stehen in einem großen Kreis und ein Ball wird schnell von einem Spieler zu einem beliebigen anderen Kind gepasst. Jeder muss sich merken, zu wem er gepasst hat, und immer wieder zum gleichen Spieler passen. Nach und nach werden mehr Bälle ins Spiel gebracht, sodass die Passfolgen immer schneller werden. Als weitere Komplikation kann man andersfarbige oder anders geartete Bälle verwenden, die in umgekehrter Reihenfolge gepasst werden müssen. Eine Steigerungsform ist es, die Übung nicht im Stand auszuführen, sondern die Kinder dabei auf einem Feld herumlaufen zu lassen. Spätestens jetzt beginnen die Kinder, die Namen ihrer Teamkollegen zu rufen, wenn sie den Ball weiterpassen. Das stärkt das Teamgefühl und die Aufmerksamkeit gegenüber den Teammitgliedern.

Staffelspiele sind eine weitere Möglichkeit den Teamgeist zu fördern, da sie die Kinder zur Zusammenarbeit anregen, um zu gewinnen. Dabei sollte man die Teams ermuntern, ihre Mitspieler anzufeuern. Eine einfache Übung ist eine Dribbelstaffel, bei der die Kinder nacheinander mit dem Ball einen kurzen Parcours durchdribbeln und dann zu ihrem Team zurückkehren. Optional kann man die Staffel durch zusätzliche Aufgaben erschweren – etwa indem die Spieler farbige Hütchen aufsammeln oder diese gezielt platzieren müssen, beispielsweise in Form eines TicTacToe-Spielfelds. Solche Spiele betonen die Bedeutung jedes Teammitglieds und ermutigen die Kinder, sich gegenseitig zu unterstützen. Ein weiteres Staffelspiel, das unseren Kindern großen Spaß macht, ist Matten-Rutschen.

Ein „Keep-Away"-Spiel, das wir gelegentlich eingestreut haben, ist Zehnerball. Bei diesem Spiel geht es darum, dass eine Gruppe von Kindern den Ball innerhalb eines begrenzten Raums zehnmal passt, während eine andere Gruppe versucht, ihn zu stehlen. Die Gruppen müssen dabei nicht unbedingt gleichgroß sein. Zudem kann man bestimmte Bereiche im Feld markieren, in denen ein Pass zusätzliche Punkte bringt, z.b. im Bereich direkt unter dem Korb. Oder man erlaubt nach fünf Pässen ein freies Spiel mit Dribbling zum Korb.

Weitere Möglichkeiten sind Wurfübungen, bei denen sich die Spieler gegenseitig anfeuern müssen sowie Basketballspiele mit eingeschränktem Dribbling oder einer Mindestanzahl an Pässen vor dem Korbwurf.

Wir haben im Training stets versucht, die Kinder in zufällige Teams einzuteilen, sodass sie immer wieder mit anderen Mitspielern zusammenspielen mussten (siehe [5] S. 20). Das hilft ihnen, Flexibilität zu entwickeln und zu verstehen, dass jeder Spieler, unabhängig von seinen Fähigkeiten, einen wichtigen Beitrag zum Team leisten kann.

Wir Trainer haben eine zentrale Rolle bei der Entwicklung von Teamgeist und Freundschaft in Jugendteams inne. Indem wir eine unterstützende und inklusive Umgebung erschaffen, können wir dazu beitragen, dass Kinder nicht nur sportliche Fähigkeiten entwickeln, sondern auch soziale Kompetenzen erlernen, die über das Spielfeld hinausgehen. So können wir als Übungsleiter darauf achten, alle Kinder für ihre Bemühungen und Erfolge zu loben, nicht nur für die besten Leistungen. Wenn ein Trainer betont, dass Anstrengung und Teamarbeit genauso wichtig sind wie das Gewinnen, fühlen sich die Kinder wertgeschätzt und entwickeln eine positivere Einstellung gegenüber ihren Teamkollegen.

Eltern spielen ebenfalls eine wichtige Rolle bei der Förderung von Teamgeist und Freundschaft. Indem sie positive Verhaltensweisen und Einstellungen vorleben – etwa Fair Play und Respekt gegenüber Gegnern und Teamkollegen –, ermutigen sie die Kinder, diese Werte zu übernehmen. Eltern und Betreuer sollten die Bemühungen der Kinder stets loben, auch wenn das Ergebnis nicht immer ein Sieg oder eine erfolgreiche Korbaktion ist. Diese Anerkennung hilft Kindern zu erkennen, dass Anstrengung und Teamarbeit genauso wichtig sind wie das Endergebnis. Als Trainer fördern wir durch diese Werte eine Sportkultur, die Kinder in ihrer Gesamtentwicklung stärkt.

Aus Teamgeist und gutem Zusammenspiel entwickeln sich schnell Freundschaften. Freundschaften, die im Sport entstehen, sind oft stark und langlebig, da sie auf gemeinsamen Erfahrungen, Interessen und Zielen basieren. Für Kinder zwischen acht und zwölf Jahren bilden Freundschaften ein zentrales Element ihrer sozialen Entwicklung. Sie bieten emotionalen Halt und fördern das Gefühl der Zugehörigkeit. Freundschaft im Sport entwickelt sich auch außerhalb des Spielfelds. Daher sollten Trainer Aktivitäten fördern, die den Zusammenhalt und die Bindung der Teammitglieder stärken. Abseits des normalen Trainings können Trainer spezielle Team-Building-Aktivitäten organisieren, wie zum Beispiel gemeinsame Ausflüge, Camps, Picknicks, Spielnachmittage oder die Teilnahme an Turnieren (siehe Kapitel 3.6). Diese Tätigkeiten ermöglichen es den Kindern, sich in einem entspannten Umfeld besser kennenzulernen und Freundschaften zu vertiefen.

Es war beeindruckend zu beobachten, wie die Kinder am Ende der ersten Saison begannen, sich auch außerhalb des Trainings zu treffen. Natürlich half es, dass einige dieselbe Schulklasse besuchten, doch auch Spieler aus unterschiedlichen Klassen verabredeten sich miteinander. Das Neujahrscamp mit Übernachtung trug ebenfalls dazu bei, dass die Gruppe noch enger zusammenwuchs. Vermutlich förderten neben den gemeinsamen Trainingseinheiten auch die gemeinsam durchgestandenen Niederlagen im ersten Jahr den Zusammenhalt. Hinzu kam die gemeinsame Erkenntnis, dass Fehler erlaubt sind und die Kids sich im Entwicklungsprozess aufeinander verlassen können. Es ist wissenschaftlicher Konsens, dass Kinder, die im Sport enge Beziehungen aufbauen, ein höheres Maß an Engagement und Motivation zeigen, weiterhin sportlich aktiv zu bleiben. Freundschaften tragen entscheidend dazu bei, dass sie positive Erfahrungen im Sport sammeln und motiviert bleiben, Teil eines Teams zu sein. Diese sozialen Bindungen fördern nicht nur den sportlichen Erfolg, sondern unterstützen auch die positive soziale und emotionale Entwicklung im Alltag.

> *Für mich liegt die Schönheit unseres Sports in der Teamarbeit, wenn fünf Spieler wie einer agieren. Man wird selbstlos.*[7]

Die Sorge, dass Selbstlosigkeit zu weniger Anerkennung oder Erfolg führt, teilt Michael Jordan nicht: „Es gibt jede Menge Teams, in jeder Sportart, die großartige Spieler haben und nie Titel gewinnen. Diese Spieler sind meist nicht bereit, Opfer für das Team zu bringen. Das Komische ist, dass ihre mangelnde Bereitschaft, Opfer zu bringen, am Ende das Erreichen ihrer individuellen Ziele erschwert. Von einer Sache bin ich hundertprozentig überzeugt: Wenn du als Team denkst und es als Team zu etwas bringst, dann kommt die individuelle Anerkennung ganz von selbst. Talent gewinnt Spiele, aber Teamwork und Intelligenz gewinnt Meisterschaften."

---

7 Mit diesem Satz wird Mike Krzyzewski (Coach K) zitiert: „To me, teamwork is the beauty of our sport, where you have five acting as one. You become selfless."

3.3.2 Psychologie, Flow und Umgang mit Fehlern

I would tell players to relax and
never think about what's at
stake. Just think about the
basketball game. If you start to
think about who is going to win
the championship, you've lost
your focus.

Michael Jordan

Die Rückrunde hatte gerade begonnen, als wir merkten, dass einige Spieler immer selbstkritischer wurden und an ihren Leistungen zweifelten. Sie waren schnell frustriert, wenn etwas nicht funktionierte. Bei einem Spiel taten wir uns im ersten Achtel besonders schwer, gefühlt lief gar nichts zusammen auf dem Feld. Unsere Würfe gingen nicht rein, während der Gegner alles versenkte – so schien es jedenfalls. Tatsächlich hatten wir das Achtel aber mit nur zwei Punkten Rückstand verloren und alle weiteren Achtel gewonnen. Trotzdem waren einzelne Spieler schon nach dem ersten Achtel frustriert und traurig – es flossen sogar Tränen. Das waren wir nicht mehr gewohnt.

Im nächsten Training fragten wir die Kinder, wie viele Achtel wir verloren hätten. Die Antworten reichten von vier bis sieben, was natürlich nicht stimmte – aber in den Köpfen der Kinder war dieses Spiel mit seinen Schwierigkeiten und Herausforderungen, die sich eigentlich nur auf einzelne Phasen bezogen, als „schlechtes" Spiel verbucht. An die Stelle der Erfolgszuversicht hatte sich eine Angst vor Misserfolg eingeschlichen, die völlig unnötig war. Die Angst vor dem Verlieren und die Angst vor Fehlern (siehe Kapitel 2.2.2) verunsichert und hemmt die Spieler. Obwohl wir nie das Saisonziel hatten Erster zu werden, setzten sich die Spieler – und vermutlich auch einige Eltern – selbst unter Druck.

In jedem Training und vor jedem Spiel erinnerten wir die Kinder daran, dass der Spaß und das Zusammenspiel für uns das Wichtigste sind, und versuchten ihr Selbstvertrauen zu stärken, indem wir an die eigenen Qualitäten und die erreichten Erfolge erinnerten.

Antoine, der besonders schnell frustriert war, erklärten wir immer wieder, dass Fehler zum Spiel gehören. Scherzhaft sagten wir zum Jugendwart, dass wir für unsere Mannschaft einen Psychologen bräuchten. Andererseits ist man als Trainer ja auch eine Art Psychologe. Wie Carlo Ancelotti einmal bemerkte: „In gewisser Hinsicht haben wir schon immer psychologisch gearbeitet – nur ohne Wissenschaft. Als Trainer hat man ebenso viel mit psychologischen Themen zu tun wie mit physischen. Die Spieler bei Laune halten, dafür sorgen, dass ihre Motivation nicht nachlässt – all das ist Psychologie. [...] Wenn man will, dass Spieler motiviert bleiben, muss man vernünftig mit ihnen reden."[32] Selbst auf höchstem Niveau besteht die Aufgabe des Trainers oft darin, den Spielern dabei zu helfen, ihren Fokus zu halten („Was führt zu deinem Erfolg?") und sich nicht durch kurzfristige Störungen oder Enttäuschungen ablenken zu lassen („Du hast nur ein paar Würfe verfehlt"). Genau das tut z.B. Steve Kerr in einer Auszeit, als er Steph Curry daran erinnert, was er Positives für das Team leistet und dass er die richtigen Entscheidungen am Spielfeld trifft, auch wenn er gerade mehrere Würfe versemmelt hat.[8]

---

8 „Steve Kerr with Words of Encouragement for Stephen Curry" `https://www.youtube.com/watch?v=1oWsym7c5MQ` [42] und „Beautiful coaching moments between Steve Kerr and Stephen Curry!" `https://www.youtube.com/watch?v=TsVHisoLSPM` [43]

Psychologie spielt auch eine Rolle, wenn man die Spielzeitverteilung plant, entscheiden muss, welcher Spieler bei einem Spiel aussetzt oder wie man im Training den schwächeren Mut und Unterstützung gibt, die Lauten bremst und für Ausgleich in der Mannschaft sorgt. Im U12- und speziell im U10-Bereich sind die Kinder neugierig und wollen Dinge ausprobieren, sich selbst erfahren. Diese Neugierde kann man sich als Coach zunutze machen (siehe Abbildung 3.2). Um als Trainer eine Flow-Situation zu fördern, ist es entscheidend, die richtige Balance zwischen Anforderungen und Fähigkeiten der Spieler zu schaffen. Nur so können Erfolgserlebnisse entstehen, die positive Erwartungen wecken, die Neugier fördern und die Spieler motivieren, sich neuen Herausforderungen zu stellen. Flow entsteht, wenn die Spieler tief in eine Aufgabe eintauchen, die für sie relevant und herausfordernd, aber gleichzeitig lösbar ist. Abbildung 3.2 zeigt eine Übersicht der Flowsituation und Beispiele von Einflussmöglichkeiten, die Coaches auf den Flow im Training haben.[9]

---

9 Waldenberger beschreibt die Flowsituation bei kontrollierbarem Stress in einem Aufsatz über Lottogewinne [44] und verweist auf ein unveröffentlichtes Manuskript von Gerald Hüther zu den Hintergründen. Wenn statt Lust und Selbstvertrauen Angst und Zweifel aufkommen, kann statt eines positiven Flows ein Teufelskreis entstehen, mit „Erlebnissen des Scheiterns, negativen Erwartungen, Vermeidungsverhalten und zunehmenden Belastungserleben."[44]

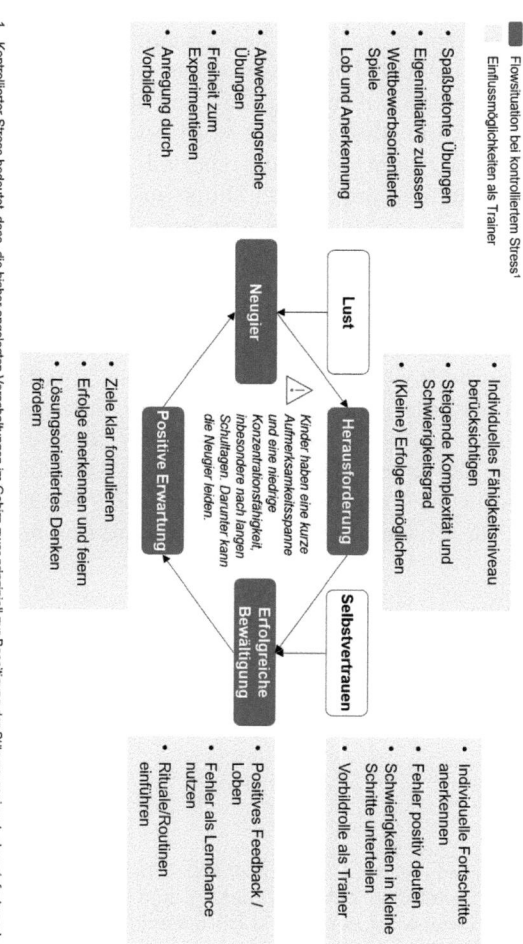

Abbildung 3.2: Flowsituation (psychologischer Motivations-
kreislauf) in Anlehnung an [44]

Um die **Neugier zu wecken** hilft es, abwechslungsreiche Übungen anzubieten. Spieler, besonders im Minibereich, sind neugierig und wollen Neues ausprobieren. Lass den Spielern Freiraum zum Experimentieren und um eigene Lösungen zu finden. Stelle Fragen, statt fertige Antworten vorzugeben, um das kreative Denken zu fördern. Um ihre Neugier und ihren Antrieb zu wecken, präsentiere den Spielern Rollenmodelle (Vorbilder) von erfolgreichen Spielern oder Teams, die sie bewundern.

Herausforderungen sollten stets dem individuellen Fähigkeitsniveau angepasst sein: Die gestellten Aufgaben dürfen weder zu schwer noch zu leicht sein, denn erst das richtige Maß erzeugt eine motivierende Spannung. Biete Übungen an, die zunächst relativ leicht sind und allmählich anspruchsvoller werden. In der Sportpädagogik spricht man von methodischen Prinzipien: vom Leichten zum Schweren, vom Einfachen zum Komplexen und vom Bekannten zum Unbekannten.[45] Diese Progression kann die Motivation steigern, da die Spieler ihren Fortschritt wahrnehmen und sich den wachsenden Anforderungen stellen können. Durch gezielte, entwicklungsgerechte Übungsformen ermöglichst du Erfolgserlebnisse, die die Motivation fördern. In Kapitel 2.2.2 hatten wir dieses Konzept als „Zone der nächsten Entwicklung" bezeichnet [16] – ein Bereich zwischen dem aktuellen und dem potenziellen Entwicklungsstand, in dem Aufgaben weder zu einfach noch zu schwierig sind, sondern die Kinder optimal herausfordern.

Als Trainer unterstützt man die **erfolgreiche Bewältigung** durch positive Rückmeldungen und regelmäßiges Feedback, wenn die Kinder Fortschritte machen oder Herausforderungen erfolgreich meistern. Das Thema positive Verstärkung oder „positive reinforcement" hatten wir in Kapitel 2.2.2 schon aufgegriffen. Dies stärkt ihr Selbstvertrauen und ihre Bereitschaft, sich neuen Herausforderungen zu stellen.[24] Fehler sollten als Lern-

chancen verstanden werden – das bedeutet, eine positive Fehlerkultur zu etablieren, in der Fehler nicht als Scheitern, sondern
als Lernmöglichkeit angesehen werden (darauf gehen wir später
ausführlicher ein). Dies beginnt bereits beim eigenen Verhalten,
indem man Fehler eingesteht und offen kommuniziert. Ein solcher Ansatz spornt die Spieler an, weiterhin engagiert und mutig
zu agieren. Wiederkehrende Erfolgsmomente – z.B. ein Team
High-Five nach gelungenen Aktionen – schaffen ein positives
Klima und motivieren die Spieler, ihre Leistung kontinuierlich
zu steigern.

Zu einer **positiven Erwartung** tragen klarer Ziele genauso bei wie das gemeinsame Feiern von Erfolgen und lösungsorientierte Denkanstöße. Setze gemeinsam mit der Mannschaft
realistische, aber auch herausfordernde Ziele. Spieler, die das
Gefühl haben, ein klares Ziel zu verfolgen, sind oft motivierter
und bereit, hart zu arbeiten. Ob kleine individuelle Fortschritte
oder große Teamleistungen – alle Erfolge sollten anerkannt und
wenn möglich gefeiert werden. Das stärkt das Zufriedenheitsgefühl und die Erwartung, dass der Erfolg wiederholt werden
kann. Lasse die Spieler sich vorstellen, wie sie bestimmte Fähigkeiten oder Techniken weiterentwickeln und in zukünftigen
Situationen erfolgreich anwenden können. Dies fördert eine optimistische Haltung gegenüber Herausforderungen.

Neben diesen zentralen Bestandteilen der Flowsituation beeinflussen auch Lust, Selbstvertrauen und Ablenkungen den
Flow. Um als Betreuer im Rahmen des Flows die Lust am Spiel
und das Selbstvertrauen zu unterstützen und gleichzeitig Ablenkungen zu vermeiden, ist es entscheidend, eine motivierende,
konzentrierte Atmosphäre zu schaffen, in der die Spieler sich auf
das Wesentliche fokussieren können.

Die **Lust** am Spielen kann u.a. durch spaßbetonte Übungen angeregt werden. Wähle Übungen und Spielformen, die den Spielern Freude machen und gleichzeitig relevante Fähigkeiten trainieren. Spieler sind im Flow, wenn sie sich auf etwas einlassen, das sie gern tun. Vermeide Monotonie und gestalte das Training abwechslungsreich. Biete den Spielern die Möglichkeit, ihre eigenen Ideen oder Spielzüge auszuprobieren. Am Anfang reichen kleinere Entscheidungsfreiheiten (Kinder brauchen Anleitung), etwa andere Ideen für Übungsvarianten oder die Einteilung der Gegenspieler. Das Gefühl der Eigenverantwortung und Kreativität steigert die Motivation und den Spaß. Wettbewerbsorientierte Herausforderungen können auch helfen. Es ist sehr teamspezifisch, welche Übungsarten am besten motivieren.[10] Ein gesundes Maß an Konkurrenz sorgt oft für Spaß und intensive Beteiligung. Regelmäßiges, authentisches Lob für Anstrengung, Fortschritt und Leistung steigert das positive Erleben der Spieler. Achte darauf, nicht nur Erfolge, sondern auch die richtige Einstellung und den Einsatz zu loben.

Stärke das **Selbstvertrauen** der Spieler, indem du ihnen regelmäßig Rückmeldung zu ihrem individuellen Fortschritt gibst. Dies zeigt ihnen, dass sie auf dem richtigen Weg sind und gesehen werden. Besonders im Jugendbereich brauchen die Spieler diese Bestätigung. Erkläre den Spielern außerdem, dass Fehler Teil des Lernprozesses sind und jeder Fehler eine Chance zur Verbesserung bietet. Eine positive Fehlerkultur nimmt den Spielern die Angst vor dem Scheitern und stärkt ihr Vertrauen in ihre eigenen Fähigkeiten – wir werden darauf später noch weiter eingehen. Stelle sicher, dass die Herausforderungen im Training in machbare Abschnitte unterteilt sind. Wenn die Spieler klei-

---

10 Bei meiner Mädchenmannschaft vermeide ich z.B. Wettspiele, da sie viel zu oft zu Konflikten geführt haben.

nere Etappenziele erreichen, steigt ihr Selbstvertrauen. Wahre als Trainer selbst eine positive und optimistische Haltung. Wenn du Vertrauen in die Fähigkeiten deiner Spieler zeigst, überträgt sich dies auf die Mannschaft. Dein Verhalten und deine Ermutigungen sind eine wichtige Quelle des Selbstvertrauens.

Klare Strukturen und Rituale helfen **Ablenkungen** zu minimieren. So schaffen z.B. Aufwärmroutinen oder bestimmte Signalwörter für Ruhe und Konzentration Verlässlichkeit und lenken die Aufmerksamkeit der Spieler auf das Wesentliche. Dazu gehört auch, dass die Trainingsumgebung möglichst frei von Ablenkungen ist. Das bedeutet, unnötige Geräusche, herumliegende Gegenstände oder Unterbrechungen zu vermeiden. Die Erklärungen neuer Übungen sollten so kurz wie möglich sein – gib den Spielern klare und präzise Anweisungen. Vermeide es, zu viele Informationen auf einmal zu geben. Stattdessen sollten die Spieler eine konkrete Aufgabe vor sich haben, auf die sie sich konzentrieren können. Das Training sollte so aufgebaut sein, dass jeder Spieler möglichst viele Ballkontakte und spielnahe Entscheidungsmöglichkeiten hat. Vermeide lange Wartezeiten bei Übungen. Wenn Spieler aktiv beteiligt und eingebunden sind, haben sie weniger Zeit und Anlass sich abzulenken. Gib ihnen Verantwortung, z.B. bei der Vorbereitung von Übungen, damit sie engagiert bleiben. Plane bewusst Pausen ein, in denen die Spieler sich entspannen und kurz abschalten können. Auch ein gut bekanntes Spiel kann die Funktion einer Pause haben, z.B. Chinesische Mauer oder Bump. Das hilft, während der intensiven Phasen des Trainings fokussiert zu bleiben; danach sind die Spieler oft wieder aufmerksamer. Wenn es Spieler gibt, die häufig abgelenkt sind, bespreche dies offen, aber konstruktiv mit der Gruppe.

Darüber hinaus wird Flow gefördert durch das Zusammenspiel im Team. Ermutige Spieler, sich gegenseitig zu unterstützen und zu motivieren – das führt zu einer positive Gruppendynamik und mehr Gemeinschaftsgefühl. Kollektive Erfolgserlebnisse, z.b. ein gewonnener Wettkampf oder eine gut gemeisterte Übung im Team, verstärken die Bindung und die Motivation.

Als Übungsleiter kannst du die Flow-Situation unterstützen, indem du eine Umgebung schaffst, in der Spaß, Selbstvertrauen und Fokus im Gleichgewicht stehen. Durch abwechslungsreiche und angepasste Herausforderungen, regelmäßiges Lob und klare Strukturen lenkst du die Energie der Spieler in die richtige Richtung. Gleichzeitig schaffst du durch eine positive Teamkultur und gute Kommunikation die Voraussetzungen dafür, dass Ablenkungen minimiert werden und die Spieler ihre Aufmerksamkeit auf das Spiel richten (siehe Abbildung 3.2).

Aber zurück zur Angst vor Fehlern und vor dem Verlieren: Fehler sind ein zentraler Bestandteil des Lernens – allerdings muss dafür eine positive Fehlerkultur vorhanden sein.[28] Neben dem Versuch, den Spaß in den Mittelpunkt zu stellen und die eigenen Qualitäten zu betonen, haben wir auch immer wieder daran erinnert, dass jeder Fehler macht und Fehler zum Spiel gehören. Sie sind notwendig, um sich zu verbessern. Um es mit den Worten von Roger Federer zu sagen:[13]

Im Tennis ist Perfektion unmöglich. In den 1.526 Einzelspielen, die ich in meiner Karriere bestritten habe, habe ich fast 80 Prozent [...] gewonnen ... Jetzt habe ich eine Frage an euch alle ...: Wie viel Prozent der Punkte habe ich in den Spielen gewonnen? Nur 54 Prozent. Mit anderen Worten: Selbst hochrangige Tennisspieler gewinnen kaum mehr als die Hälfte der Punkte, die sie spielen. Wenn man im Durchschnitt jeden zweiten Punkt verliert, lernt man, sich nicht bei jedem Schlag aufzuhalten. Du bringst dir bei zu denken: Okay, ich habe einen Doppelfehler begangen. Es ist nur ein Punkt. Okay, ich kam ins Netz und wurde erneut überspielt. Es ist nur ein Punkt. Sogar ein toller Schlag, ein Overhead-Rückhand-Smash, der es in die Top-Ten-Plays von ESPN schafft: Auch das ist nur ein Punkt.

Warum erzähle ich Ihnen das? Wenn man einen Punkt ausspielt, ist das das Wichtigste auf der Welt. Aber wenn es hinter dir liegt, liegt es hinter dir ... Diese Einstellung ist wirklich entscheidend, denn sie gibt dir die Freiheit, dich mit voller Intensität, Klarheit und Fokus dem nächsten Punkt zu verschreiben – und jedem weiteren, der folgt.

Man sieht den Kindern an, wenn sie sich ärgern und unzufrieden sind. Das wirkt sich auch auf ihre Konzentration aus. In solchen Fällen kann ein Satz helfen wie: „Wir machen alle Fehler – wichtig ist, dass wir unser Bestes geben und uns nicht über die Fehler ärgern."

Zu verstehen, dass Fehler ein ganz normaler Teil des Spiels sind und man sie möglichst schnell abhaken muss, ist im Basketball deshalb genauso wichtig wie im Tennis – und wahrscheinlich jeder Sportart. „Selbstvertrauen ist ein Schlüssel zu psychischer Stabilität und zum Erfolg. Selbstvertrauen drückt den Grad des Glaubens an das eigene Können, eigene Fertigkeiten und Fähigkeiten und die Wirksamkeit im Handeln aus. Diese psychische Stärke ist gerade im Basketball von enormer Bedeutung, da hier durch die aktive Gegnereinwirkung und den enormen Präzisionsdruck, vor allem bei Korbwürfen und Pässen, stets Fehler auftreten. Das perfekte Spiel gibt es nicht. Eine besondere Qualität des Selbstvertrauens eines leistungstragenden Spielers scheint insbesondere darin zu liegen, sich von der Unvermeidlichkeit auftretender Fehler nicht beeindrucken zu lassen und an dem gewünschten oder vereinbarten Spielverhalten festzuhalten. [...] Zwei Beispiele: Was würde es dem Team nützen, wenn der Guard nach einem verlorenen Ball in der Folgezeit den Ball nur noch übervorsichtig und drucklos nach vorne bringen würde? Ob die deutsche Herren-Nationalmannschaft so manches wichtige Match noch gewonnen hätte, wenn ein Leistungsträger wie Dirk Nowitzki[11] nach einer schwachen Quote im ersten Viertel in der Folgezeit nicht mehr seine Würfe genommen hätte?"[7] (S. 130)

Um weiter zu verdeutlichen, dass es auch im Basketball kein „perfektes" Spiel gibt, hilft ein Blick auf die Trefferquoten der Profis oder angehenden Profis: Bei der U19-Weltmeisterschaft hatten die zehn besten Spieler (nach erzielten Punkten pro Spiel) eine durchschnittliche Trefferquote von 48 Prozent aus dem Feld und nur 33 Prozent von der Dreierlinie – das heißt, dass selbst die besten Nachwuchsspieler fünf von zehn Würfen aus dem Feld verfehlen und sogar zwei von drei Dreipunktwürfen. Es kommt also häufiger vor, dass sie daneben werfen, als dass sie treffen. In der Saison 2023–24 gab es in der NCAA nur vier Teams, die eine Feldwurfquote von über 50 Prozent hatten, die Wright State Raiders mit 53,0, die Gonzaga Bulldogs mit 51,8, Indiana State Sycamores mit 50,5 und die Eastern Washington Eagles mit 50,1 Prozent. Selbst der NCAA Champion, die UConn Huskies, erreichten eine Feldwurfquote von „nur" 49,7 Prozent.

---

11 Nowitzki (1978) spielte 21 Jahre für die Dallas Mavericks in der NBA. Er war der erste Europäer, der MVP der regulären Saison wurde. Mit Dallas gewann er 2021 die NBA Championship und wurde Finals MVP. Sein Markenzeichen ist der einbeinige Turnaround-Fadeaway, der bei seiner Größe von 2,13 m nicht zu verteidigen ist.

Fehler sind ein wichtiger Bestandteil des Lernens. Dawn Staley, eine ehemalige WNBA-Spielerin und derzeit Trainerin der Damenmannschaft der University of South Carolina brachte es in einer Ansprache an ihre Sportler folgendermaßen auf den Punkt:[12]

> *Ich unterscheide mich sehr von euren Eltern, denn eure Eltern wollen nicht, dass ihr scheitert [...].* *Und das ist wahrscheinlich ihr größter Fehler, denn ihr werdet scheitern. [...] Ich liebe euch genug, um euch scheitern zu lassen. [...] [Denn] wenn ihr damit nicht umgehen könnt, dann werdet ihr die nächste Stufe nicht erreichen.*

Aus Fehlern lernt man. Wie schon in Kapitel 2.2.2 und Tabelle 2.8 erlaeutert: Lobe Kinder für die Bemühungen eine Aufgabe zu bewältigen und ihren Einsatz, unabhängig vom Ergebnis z.B. einen sauber ausgefuehrten Korbleger, auch wenn der Ball nicht rein geht oder den Versuch einen Pass auf einen besser postierten, freien Mitspieler zu spielen, auch wenn der Ball im Aus landet. Das Resultat wird kommen.

Je verbissener man versucht, Fehler zu vermeiden und ein gutes Spiel zu erzwingen, desto mehr Fehler schleichen sich oftmals ein und man verkrampft. In seinem Buch „The inner Game" beschreibt der Autor und Tennistrainer Timothy Gallwey, wie

---

12 Dawn Staley spielte vier Jahre als Aufbauspielerin am College in Virginia, mit dem sie in jedem Jahr ins NCAA Tournament einzog und dreimal das Final Four erreichte. Neben anderen Stationen spielte sie von 1999–2005 für die Chalotte Stings in der WNBA und begann noch während ihrer aktiven Spielerkarriere zu coachen. Sie wurde viermal mit der Naismith-Auszeichnung als beste Trainerin des Jahres geehrt. Seit 2017 ist sie Trainerin der US-amerikanischen Basketball-Nationalmannschaft und führte das Team zu Gold bei der Weltmeisterschaft 2018 bei Olympia 2020.

man versuchen sollte sein Bewusstsein abzulenken, es zu beschäftigen, damit das Unterbewusstsein nicht gestört wird und Aktionen automatisiert und unverkrampft ausführen kann.[46] Dirk Nowitzki hat beispielsweise erzählt, dass er bei Freiwürfen die Melodie von „I've been looking for Freedom" summt, um nicht über den Bewegungsablauf beim Wurf nachzudenken. Kindern in der U10 kann man das natürlich noch nicht vermitteln. Hier sollte man als Trainer aufmerksam sein, die Gefühle der Kinder wahrnehmen, sie ernst nehmen und ihnen Raum lassen und Hilfestellung geben, mit ihren Emotionen umzugehen. Zu diesen Emotionen gehören z.B.:

- Frust bei oder nach Spielen,

- Unzufriedenheit mit der eigenen Leistung,

- Ärger über zu wenig Spielzeit,

- Wut auf Mitspieler, die nicht passen oder Fehler machen,

- Streit zwischen Spielern.

Oder auch Dinge, die außerhalb der Sporthalle passiert sind, etwa:

- Freude über eine gute Note in der Schule,

- Ausgelassenheit nach einer Familienfeier,

- Nervosität vor dem Ferienbeginn,

- Aufregung über den anstehenden Schuljahresabschluss.

Wir haben versucht das Selbstvertrauen zu stärken, den Spaß am Spielen zu betonen, die Freude am Gewinnen zu bewahren, aber die Angst vor Niederlagen zu nehmen. Zieht man John

Woodens Definition von Erfolg heran, dann geht es nur darum, sein Bestes zu tun und nach dem Spiel unabhängig vom Ergebnis mit erhobenem Kopf stolz das Spielfeld in der Gewissheit zu verlassen, dass man alles gegeben hat.[34]

3.3.3 Vertrauen und Vorbildfunktion

> Encourage members of your team to take the initiative and act on their own.
>
> Mike Krzyzewski (Coach K)

Die Beziehung und das Vertrauen zwischen einem Trainer und den Spielern bestimmt in vielerlei Hinsicht, wie sich eine Mannschaft entwickelt und ob Erfolg eintritt. Es passiert schnell, Dinge wie Beziehungen zu sehr zu analysieren und verstehen zu wollen. Stattdessen sollte man dem gesunden Menschenverstand vertrauen, er ist meistens ein guter Ratgeber. Wie bei allen zwischenmenschlichen Beziehungen, fängt Vertrauen – auch bei Trainern –, mit Hingabe und Empathie an. Oder wie John Wooden es nennt beim „most powerful four letter word"; gemeint ist die Liebe und Hingabe, („love"), die man den Spielern entgegenbringt.[34] Hier seine Ratschläge, als Coach eine vertrauensvolle und positive Beziehung zu den Spielern aufzubauen:

1. Pflege eine enge persönliche Beziehung zu deinen Spielern, aber bewahre dir dabei auch ihren Respekt. Zeige aufrichtiges Interesse an ihren persönlichen Problemen und sei empathisch.

2. Halte Disziplin aufrecht, ohne diktatorisch zu sein. Sei fair und führe, anstatt anzutreiben.

3. Studiere und respektiere die Individualität jedes Spielers und gehe entsprechend mit ihnen um. Behandle jeden so, wie er es verdient.

4. Versuche, bei allen das gleiche Verantwortungsbewusstsein zu entwickeln.

5. Analysiere dich selbst und deine Spieler und orientiere dich entsprechend. Hinterfrage dich und dein Verhalten.

6. Anerkennung ist ein großer Motivator. Nutze das „Schulterklopfen", besonders nach Kritik.

7. Wenn du Loyalität, Ehrlichkeit und Respekt für die Rechte anderer vermittelst, machst du einen großen Schritt in Richtung eines kooperativen Teams mit gutem Teamgeist. Eifersucht, Egoismus, Neid, Kritik und gegenseitiges Ärgern können dies zerstören.

8. Denke zuerst an das Team, aber opfere kein Kind, nur um etwas zu beweisen.

Alle diese Ratschläge basieren auf letztlich selbstverständlichen Umgangsformen und gesundem Menschenverstand. Man sollte sich also nicht unter Druck setzen, etwas Besonderes zu versuchen, um Vertrauen aufzubauen, sondern auf sein Bauchgefühl hören. Wie schon in den vorangegangenen Kapiteln angesprochen, ist Vertrauen nichts, das über Nacht entsteht – weder zwischen den Spielern noch zwischen Spielern und Trainern (siehe Kapitel 3.3.1). Eine der besonderen Erfahrungen als Trainer war es zu beobachten, wie das Verhältnis der Spieler immer enger wurde. Mit wachsendem Vertrauen wurden die Kinder offener, kommunizierten mehr, stellten mehr Fragen und gaben auch Hinweise. Als wir beispielsweise einmal die Mannschaft mit „Jungs" ansprachen, wurden wir sofort korrigiert, dass doch auch Mädchen dabei seien. Die Trainingsmotivation stieg, die Kinder zeigten sich empfänglicher für Korrekturen und Hinweise. Insgesamt entwickelte sich eine positive, leistungsfördernde Atmosphäre, in der sich die Spieler sowohl individuell als auch als Teil des Teams verbessern konnten.

Ein weiteres wichtiges Instrument, um dieses Vertrauen aufzubauen und gleichzeitig das vielleicht mächtigste Werkzeug eines Trainers, ist sein Verhalten – seine Vorbildfunktion für das Team. Die Vorbildrolle eines Jugendtrainers ist deshalb so entscheidend, weil Kinder vor allem durch Beobachtung und Nachahmung lernen. Im Minibereich des Basketballs prägen Trainer die Charakterbildung und Verhaltensweisen der Kinder maßgeblich, indem sie nicht nur technische Fähigkeiten, sondern auch Werte wie Respekt, Disziplin und Teamgeist vermitteln. Unbestritten wird die moralische Entwicklung von Kindern stark von den ethischen Werten ihres Trainers geprägt. Authentizität und das Vorleben positiver Werte erweisen sich hierbei als besonders wirksam. Wenn Trainer also ihre Vorbildrolle bewusst wahrnehmen, formen sie nicht nur erfolgreiche Sportler, sondern auch verantwortungsbewusste junge Menschen.

Laut der sozialen Lerntheorie von Bandura lernen Kinder durch das Beobachten des Verhaltens von Vorbildern.[47] Ein Trainer, der authentisch, respektvoll und fair handelt, inspiriert die Kinder, diese Eigenschaften zu übernehmen. Kinder im Minibereich orientieren sich besonders stark an den Handlungen ihres Trainers. Wenn dieser in Stresssituationen Ruhe bewahrt, mit Kritik konstruktiv umgeht, eine positive Einstellung zeigt, den Schiedsrichtern und Gegnern Respekt entgegenbringt und nach Niederlagen nicht verzweifelt, lernen die Kinder, dass sportlicher Erfolg nicht das Einzige ist, was zählt. Junge Athleten werden durch nonverbale Signale wie Körpersprache und Umgangsformen beeinflusst. Dies führt zu einer langfristigen Verankerung von sportlichen und sozialen Fähigkeiten. Dieser Rolle muss man sich bewusst sein und darauf achten, dass die gewünschten Lernziele mit dem eigenen Handeln übereinstimmen.[28]

Wer also, wie wir, den Spaß und die Freude in den Vordergrund stellt, sollte selbst eine positive Einstellung zeigen und auch Humor beweisen. Etwas vorzuleben ist leichter gesagt als getan. Wir sind uns nicht sicher, was genau wir vorgelebt haben – vieles taten wir unbewusst, ohne konkreten Plan. Wir wurden selbst dazu erzogen, respektvoll mit jedem Menschen umzugehen, und legten großen Wert darauf, dass auch die Spieler untereinander sowie gegenüber ihren Gegenspielern respektvoll handeln. Dazu gehört, sich nach einem Konflikt zu entschuldigen, nach dem Spiel jedem Gegner die Hand zu reichen, bei deutlicher Überlegenheit die Gegenspieler nicht zu demütigen, keine provozierenden Gesten in Richtung der Zuschauer zu machen, die Schiedsrichter nicht zu beschimpfen und auf Sauberkeit in der Halle und Kabine zu achten. Dazu zählt auch Pünktlichkeit. Wir bemühten uns, sofern die Arbeit es zuließ, immer 20 Minuten vor Trainingsbeginn in der Sporthalle zu sein und die Halle vorzubereiten: den Hallenschlüssel abholen, die Körbe herunterkurbeln, die Bälle und sonstiges Material bereitstellen und den Kindern die Türen öffnen. Nach dem Training begleiteten wir die Kinder zu ihren Eltern und achteten darauf, dass alle abgeholt wurden. Anschließend räumten wir die Halle auf und kontrollierten die Kabine, damit nichts liegen blieb.

Die Vorbildfunktion eines Jugendtrainers prägt die Entwicklung junger Menschen weit über das Basketballfeld hinaus. Was ein Trainer vorlebt – seine Werte, sein Umgang mit Erfolg und Niederlage, sein Respekt gegenüber anderen – formt nicht nur athletische Fähigkeiten, sondern fundamentale Charaktereigenschaften. Ein authentisches, positives Vorbild zu sein ist daher keine Nebensache des Trainerjobs, sondern dessen Kern: Es entscheidet darüber, ob Kinder neben Korbwürfen auch jene Lebenskompetenzen erwerben, die sie langfristig zu selbstbewussten, teamfähigen Menschen machen.

Das beschreibt auch Jeff Huber in seinem Artikel „From Sideline Outbursts to Championship Glory: What Dan Hurley's ,Example' Can Teach You" und greift dabei weitere Bausteine auf, auf die man achten sollte, um der Mannschaft als Vorbild mit gutem Beispiel voranzugehen:[13] [48]

- *Gelassenheit:* Du kannst nicht erwarten, dass Spieler gelassen bleiben, wenn du es nicht bist. Wenn du dich auf Dinge konzentrierst, die außerhalb deiner Kontrolle liegen – etwa Schiedsrichterentscheidungen –, was glaubst du, werden deine Spieler dann tun? Du kannst deinen Spielern nicht sagen, dass sie keine Ausreden finden sollen, und dann schlechte Entscheidungen als Grund für eure Niederlage anführen. Eigentlich war ich ein sehr emotionaler Spieler, der oft über die Schiedsrichter gemeckert hat, aber als Mini-Trainer konzentriere ich mich so sehr darauf, was meine Spieler noch besser machen können, wo ich ihnen noch helfen kann, dass ich (fast) gar nicht auf die Schiedsrichterentscheidungen eingehe, geschweige denn mit Schiedsrichtern diskutiere.

- *Respekt:* Die Halle sauberhalten, die Spieler respektvoll behandeln, den gegnerischen Trainern, den Schiedsrichtern, dem Kampfgericht vor und nach dem Spiel die Hand geben, Gästezuschauer und Eltern freundlich begrüßen,

---

13 Neben den aufgezählten Bausteinen Gelassenheit, Respekt, Arbeitsmoral und Verletzlichkeit, nennt Jeff Huber auch noch „Lifestyle" und „Integrity", die aber im Minibereich weniger relevant sind.[48]

nicht über andere Spieler oder Trainer schimpfen. Das alles gehört zu einem respektvollen Umgang. Spieler hören und sehen mehr, als man meint.

- *Arbeitseinstellung:* Pünktlichkeit; ist die Halle vorbereitet, liegen Bälle bereit, hast du einen Trainingsplan? Sehen deine Spieler, dass du vorbereitet, konzentriert und mental anwesend bist, so wie du es von ihnen verlangst?

- *Verwundbarkeit:* Wenn du möchtest, dass deine Spieler zu ihren Fehlern stehen, dann musst auch du als Trainer zu deinen Fehlern stehen. Du musst deine Fehler deinem Team gegenüber nicht jedes Mal eingestehen, aber manchmal solltest du es tun. Wenn du nie einen Fehler zugibst, warum sollten es dann deine Spieler tun? Deine Glaubwürdigkeit wird merklich steigen, wenn du Verantwortung übernimmst und Größe zeigst, indem du deine Fehler offen ansprichst. Der Autor Daniel Coyle sagt, die vier wichtigsten Worte, die ein Trainer zu seinem Team sagen kann, sind: „Das habe ich vermasselt." Viele Trainer befürchten, dass ihre Spieler dadurch an ihnen zweifeln. Im Gegenteil führt es aber dazu, dass sie dir noch mehr vertrauen, zudem fördert es eine konstruktive Fehlerkultur (siehe auch 3.3.2).

Sei authentisch und ein gutes Vorbild für die Kinder, die du trainierst. Wenn du besser verstehen willst, wie du von anderen wahrgenommen wirst und an welchen Stellen du vielleicht ein noch besseres Vorbild sein könntest, sprich mit Co-Trainern, Vereinsfreunden, Eltern und Spielern. Aktiv nach Feedback zu Fragen zeigt deinen Willen dich weiterzuentwickeln und baut Vertrauen auf.

Neben dem Vertrauen zwischen Trainer und Spielern sollte man auch die Eltern einbeziehen. Ein gutes Verhältnis zu ihnen fördert nicht nur das Wohl des Kindes, sondern schafft auch eine positive, unterstützende Umgebung, in der sich die jungen Spieler sportlich und persönlich entfalten können. Es bildet das Fundament für eine erfolgreiche Zusammenarbeit im besten Interesse der Nachwuchsspieler.

Ein solides Vertrauensverhältnis hilft, Missverständnisse oder Konflikte zu vermeiden. Eltern, die wissen, dass der Trainer fair und objektiv handelt, reagieren seltener frustriert oder enttäuscht, wenn Dinge nicht nach ihren Vorstellungen laufen. Sie unterstützen dann auch dabei, ihren Kindern Trainerentscheidungen zu vermitteln. Das führt zu einer harmonischen Atmosphäre, in der die Kinder sowohl von der häuslichen Unterstützung als auch von der fachlichen Anleitung auf dem Spielfeld profitieren. Vertrauen stärkt zusätzlich das Mannschaftsgefüge und erleichtert es, auch schwierige Themen anzusprechen – etwa Konflikte im Team, das Aussetzen bei Spielen – und die Eltern konstruktiv einzubeziehen.

Wenn Eltern Vertrauen zum Trainer haben, beteiligen sie sich eher langfristig am Entwicklungsprozess ihres Kindes. Sie unterstützen nicht nur durch ihre Anwesenheit bei Spielen, sondern auch durch Engagement bei Teamaktivitäten wie Fahrdiensten, Events oder finanziellen Beiträgen. Diese Unterstützung ist für den reibungslosen Ablauf des Trainings- und Spielbetriebs wichtig. Es ist nicht selbstverständlich und kann nicht vorausgesetzt werden, dass Eltern sich engagieren. Da ich eher zurückhaltend und leise bin, fällt es mir schwer, auf die Eltern zuzugehen – man sollte es aber tun! Es gilt, bei jeder Gelegenheit mit den Eltern zu sprechen, etwa wenn Kinder zur Halle gebracht und abgeholt werden. Kurze Gespräche helfen, Nähe aufzubauen und die Eltern einzubeziehen. Daneben tragen viele kleine Bausteine dazu bei, das Vertrauen zu stärken: Pünktlichkeit, klare Planung, rechtzeitige Ankündigungen bei Trainingsausfall, transparente Kommunikation zur Spielereinteilung oder auch nur ein freundlicher Gruß. Bei uns entwickelte sich daraus eine tolle Elterngemeinschaft, die nicht nur bei Heimspielen einen Verkaufsstand organisierte, sondern auch die eine oder andere Mannschaftsfeier mitgestaltete. Später entstand daraus sogar eine eigene Eltern-Hobby-Mannschaft im Verein.

3.3.4 Stärken stärken

> Der kluge Kämpfer achtet auf das Zusammenspiel der Kräfte und verlangt nicht zuviel von jedem einzelnen. Er zieht individuelle Talente in Rechnung und benutzt jeden Mann seinen Fähigkeiten entsprechend. Von unfähigen verlangt er keine Perfektion, Fähigen gibt er Verantwortung.

> Sun Tzu

Es mag abgehoben klingen, sich beim Minibasketball auf ein Grundprizip der Jackson-Elf zu beziehen, aber in gewisser Weise hilft auch bei jungen Spielern eine fundametale Erkenntnis von Phil Jackson: *„Jedem Spieler seine Bestimmung.“*[14][3] Je-

---

14 Im englischen sagte Phil Jackson: „Let each player discover his own destiny". Er erzählte dazu: „Mein Ansatz war stets, jeden Spieler als ein Ganzes zu betrachten und nicht nur als ein Rädchen in der Basketballmaschinerie. Das bedeutete ihn dahinzubringen, selbst herauszufinden, welche besonderen Qualitäten er ins Spiel einbringen konnte, neben seiner Fähigkeit zu werfen und Pässe zu spielen. Wie beherzt war er? Oder wie belastbar? Wie war es um seinen Charakter bestellt, wenn wir an-

der Spieler bringt bestimmte Qualitäten mit. Ob Schnelligkeit, Feldübersicht, starker Wille, Sprungkraft oder auch Kreativität, Neugier, Empathie, Kooperationsfähigkeit und Offenheit – diese individuellen Stärken gilt es zu nutzen. Zum einen für das Team, aber auch für die persönliche Weiterentwicklung des Spielers. Der gezielte Fokus auf Stärken, kombiniert mit konstruktivem Feedback, kann eine offene und unterstützende Lernatmosphäre schaffen. Dies zeigt sich auch in Spielsituationen: In vielen Partien starteten wir mit einem schwachen ersten Achtel. Dies führte soweit, dass Kinder an sich zweifelten und Angst vor Niederlagen entwickelten. Oft lag die Schwäche im ersten Spielabschnitt nicht an überlegenen Gegnern, sondern an mangelnder eigener Konzentration. Als Trainer haben wir die Kinder ermutigt und sie an ihre eigenen Stärken erinnert.

Der erste Schritt besteht darin, die individuellen Stärken und Fähigkeiten der Kinder zu erkennen. Trainer sollten aufmerksam beobachten und analysieren, welche Fähigkeiten – sei es Schnelligkeit, Ballbehandlung, Spielverständnis oder andere – bei den einzelnen Spielern stark ausgeprägt sind. Was macht ein Kind besonders gut? Woran hat es am meisten Spaß? Wie verhält es sich in der Gruppe? Welche Rolle nimmt es ein? Dieses Bewusstsein ermöglicht, jeden Spieler als einzigartig wahrzunehmen und gezielt auf individuelle Fähigkeiten einzugehen. Die Stärken kristallisieren sich oft erst nach einiger Zeit heraus, daher sollte man beim Kennenlernen verschiedene Übungsformen und Spiele ausprobieren und die Kinder mit unterschiedlichen Entscheidungssituationen konfrontieren – mit und ohne Ball. Spieler sind sich ihrer Stärken oft nicht bewusst und sehen

---

gegriffen wurden? Viele Spieler, die ich trainiert habe, machten auf dem Papier nicht viel her. Aber während sie sich ihre eigene Rolle zulegten, wurden sie zu überragenden Champions."[3]

nur was sie nicht können. Zu erkennen worin das Talent und Potenzial eines Spielers liegen zeichnet erfolgreiche Jugendtrainer aus.

Lange Zeit hatten wir einen Spieler kaum beachtet, weil sich seine Technik in der Ballbehandlung nicht weiterentwickelte. Bis er uns bei einem Spiel überraschte und an seinem Gegenspieler vorbei zum Korb dribbelte. Seine Technik war nicht perfekt, aber er besaß starken Willen und Durchsetzungskraft.

Wenn die Stärken der Spieler erkannt sind, können sie im Spiel effektiv eingesetzt werden. Kinder mit starker Verteidigung oder guten Passfähigkeiten können in Rollen eingebunden werden, die ihre Stärken hervorheben. So lernen die Spieler, wie ihre Fähigkeiten dem Team nutzen und dass jeder einen wertvollen Beitrag zum Mannschaftserfolg leistet. Dies fördert den Teamgeist und das Verantwortungsbewusstsein. Durch positive Rückmeldungen zu ihren Stärken entwickeln die Spieler Selbstvertrauen und Freude am Spiel. Allein dadurch, dass man die Stärken eines Spielers wahrnimmt und anerkennt, stärkt man sein Selbstbewusstsein, vertieft die Beziehung und das Vertrauen:

Ich sehe, was du drauf hast, und ich glaube daran, dass du wertvolle Beiträge leisten kannst.

Wenn Kinder erleben, dass ihre besonderen Fähigkeiten geschätzt und gebraucht werden, steigert dies ihre Motivation, regelmäßig zu trainieren und sich weiter zu engagieren. Diese innere Motivation ist essenziell, damit Kinder dem Sport langfristig treu bleiben und sich aktiv einbringen. Durch die Förderung von Stärken vermittelt man als Trainer auch, dass man an die Spieler glaubt und ihnen Vertrauen schenkt. Wenn man einem guten Verteidiger den stärksten Gegenspieler zuordnet, sendet das eine klare Botschaft: *„Du hast die Fähigkeit und* *ich vertraue darauf, dass du sie für das Team einsetzt.*" Diese Wertschätzung motiviert Kinder, ihre Talente weiterzuentwickeln und Herausforderungen anzunehmen. Sie erleben ihre eigenen Fähigkeiten als wichtig und sinnvoll und lernen, auf sich selbst zu vertrauen. Gleichzeitig stärkt diese Vorgehensweise die Bindung zum Trainer und das Vertrauen in ihn. Dieses gegenseitige Vertrauen bildet die Basis für ein erfolgreiches Training und eine positive, unterstützende Teamatmosphäre, in der jeder Spieler sich weiterentwickeln kann. Kinder, die erleben, dass ihre Stärken erkannt und gefördert werden, fühlen sich von ihrem Trainer gesehen und ernst genommen. Dadurch wächst ihre Bereitschaft, Ratschläge anzunehmen und auch an Schwächen zu arbeiten. Spieler mit einem klaren Bewusstsein ihrer Stärken entwickeln ein gesundes Selbstbewusstsein, das sie offener für Verbesserungen macht. Laut der Sportpsychologie kann das Fokussieren auf positive Erfahrungen und Erfolge eine sogenannte positive Selbstwirksamkeit schaffen – die Überzeugung, Herausforderungen erfolgreich bewältigen zu können. Dies fördert die Bereitschaft der Kinder, an Schwächen zu arbeiten, da sie ihre vorhandenen Fähigkeiten kennen und die Anerkennung ihrer Bemühungen erleben. Trainer können so, an die individuellen Stärken anknüpfend, weitere Fähigkeiten schrittweise aufbauen.

Als wir die Durchsetzungsstärke des Jungen erkannt hatten, konnten wir diese Qualität gezielt nutzen. Wir lobten ihn dafür und erklärten ihm gleichzeitig, wie er durch verbessertes Ballhandling und Handwechsel den Ball effektiver schützen und sich noch leichter im Spiel durchsetzen kann.

Die Förderung von Stärken sollte andererseits nicht dazu führen, dass man Kinder zu früh auf eine Spielposition festlegt oder eindimensional in einer Rolle schult. Auch größere Kinder sollten lernen, den Ball nach vorne zu bringen, genauso wie kleinere lernen sollten, sich unter dem Korb durchzusetzen. Als Trainer sollte man Vielseitigkeit trainieren, die Kinder ausprobieren lassen, aber die Stärken als Anknüpfungspunkt für Motivation und weiteres Lernen nutzen (siehe u.a [5]).

Spieler lassen sich auch dadurch stärken, dass man ihnen Vertrauen entgegenbringt. Dazu gehört, ihnen angemessene Freiheiten zu gewähren. Natürlich brauchen sie Anleitung und Vorgaben, aber indem man als Trainer den Spielern gezielt Freiräume einräumt – etwa durch die Ermutigung, kreative Lösungen zu finden oder eigene Spielideen einzubringen – vermittelt man ihnen, dass ihre Meinungen und Ideen wertvoll sind. Diese Freiheit fördert eigenständiges Denken und stärkt ihr Selbstvertrauen.

Phil Jackson betont in seinen elf Grundprinzipien, dass *„der Weg zur Freiheit [. . .] ein schönes System [ist]"*.[3] Spieler, die in einem solchen Umfeld trainieren, entwickeln nicht nur Vertrauen in ihre eigenen Entscheidungen, sondern erleben auch, dass Fehler als natürlicher Teil des Lernprozesses akzeptiert werden (siehe auch Kapitel 3.3.2). Das nimmt Druck von ihnen und ermutigt sie, Neues auszuprobieren und über sich hinauszuwachsen.

Im Idealfall spüren die Kinder, dass sie in einem Umfeld trainieren, in dem ihre Stärken gefördert, ihr Potenzial erkannt, ihnen Vertrauen geschenkt und notwendige Freiheiten gewährt werden. Diese Unterstützung motiviert sie, ihre Fähigkeiten weiterzuentwickeln, Verantwortung zu übernehmen und aktiv zum Teamerfolg beizutragen.

3.4 Die Rückrunde

Don't let success go to your head,
and don't let failure go to your
heart.

Jerry West

Ein weiteres Nachholspiel stand Anfang Februar auf dem Programm. Auch diesmal war es die erste Saison der Gegner, und ihre beiden Trainerinnen wirkten sehr frustriert über die zum Teil deutlichen Niederlagen, die sie über die gesamte Saison bereits hatten einstecken müssen. Das erinnerte uns lebhaft an unsere eigene erste Saison, und wir versuchten, ihnen vor dem Spiel Mut zuzusprechen, nicht aufzugeben.

Dieses Gespräch wurde zu einem entscheidenden Moment für uns und letztlich zu einem der Hauptgründe, das vorliegende Buch zu schreiben. In diesem Augenblick erkannten wir, wie universell die Herausforderungen sind, mit denen Jugendtrainer konfrontiert werden – und wie wertvoll unsere eigene Reise vom frustrierten Anfängerteam zur erfolgreichen Mannschaft für andere sein könnte. Was wir diesen Trainerinnen vermitteln wollten, war genau das, was wir selbst gelernt hatten: Die Spiele als wertvolle Erfahrung zu betrachten, nicht aufzugeben, trotz Rückschlägen mit Mut und Zuversicht weiterzumachen, stets die Entwicklung der Kinder im Auge zu behalten und dabei als Trainer selbst Freude zu empfinden. Es ist nicht der Sieg, der langfristig zählt, sondern die Freude auf dem Weg der Verbesserung – das Team und die Spieler weiterzubringen und ihnen dabei Spaß zu vermitteln, darin liegt die größte Erfüllung. Buddha hatte recht: *„Es gibt keinen Weg zum Glück. Glücklich zu sein ist der Weg."*

Das Spielergebnis rückte dabei ein wenig in den Hintergrund. Heute hatten wir zwei Spielern absagen müssen. Beide kamen trotzdem zum Spiel, um die Mannschaft anzufeuern – ein Zeichen toller Moral und echten Teamgeists. Die Entscheidung, wer aussetzen musste, trafen wir aufgrund der oben genannten Anzahl gespielter Achtel pro Trainingseinheit (siehe Tabelle 3.3). Es war uns stets wichtig, dass solche Entscheidungen für die Eltern transparent sind. Wir gewannen deutlich, hatten aber auch wieder ein Achtel dabei, das mit 7:6 nur sehr knapp ausging.

Es war wieder ein super Spiel. Viele schöne Pässe und jeder hat einen Korb erzielt. Vielen Dank auch für die tolle Unterstützung!

Ähnlich deutlich fiel auch das erste Rückspiel aus. Wir versuchten, die Aufmerksamkeit der Spieler durch extra Aufgaben hoch zu halten. Das funktionierte nur begrenzt. Eine Aufgabe bestand darin, mindestens drei Pässe in jedem Angriff zu spielen (Schnellangriffe ausgenommen). Eine zweite: Erst wenn jeder einmal den Ball berührt hat, darf geworfen werden, und ein dritte: Kein Rebound darf beim Gegner landen.

Ende Februar trafen wir auf jenes Team, gegen das wir unseren ersten Saisonsieg errungen hatten. Damals ahnten wir noch nicht, dass dieser Gegner zu einer der stärkeren Mannschaften avancieren würde. Aktuell belegten sie den vierten Tabellenplatz. Ihre Stärke basierte auf einer ausgezeichneten Verteidigung: Die Spieler hatten verinnerlicht, stets zwischen Gegenspieler und Korb zu stehen.

Da wir selbst immer wieder Probleme in der Defensive hatten, planten wir, dem Team vor der Partie ein kurzes Lehrvideo zur Verteidigung zu zeigen. Es sollte Anregungen zum richtigen Defensivverhalten liefern. Damit es nicht zu trocken wirkte, hatten wir zusätzlich eine Zusammenstellung von Missgeschicken der

NBA-Profis vorbereitet.[15] Dies sollte verdeutlichen, dass selbst
den vermeintlich Besten Fehler unterlaufen. Wir versammelten
uns eine Stunde früher als üblich in der Halle und zogen uns in
den Vereinsraum zurück. Die Eltern baten wir, in der Halle zu
warten, während wir mit den Kindern an einem langen Tisch
Platz nahmen. Alle wirkten angespannt, teils noch verschlafen
und leider auch unkonzentriert, mit anderen Dingen beschäftigt
– aber was hatten wir erwartet? Wir erinnerten sie daran, dass
Spaß das Wichtigste sei und wir etwas lernen wollten. Um es
kurz zu machen: Die Videos halfen nicht, sondern schienen die
Spieler zusätzlich zu verunsichern. Videos vor Spielen funktionieren in dieser Altersgruppe schlicht nicht! Hätten wir doch nur
früher bei Phil Jackson nachgelesen: „Als Spieler hat man allerdings nur eine begrenzte Aufnahmekapazität, wenn der Körper
vollgepumpt ist mit Adrenalin. Daher ist das [die Zeit vor Spiel-
beginn] kein guter Zeitpunkt für rationale Diskussionen, sondern
eher der Moment, beruhigend auf die Spieler einzuwirken und
ihr verbindendes Band zu stärken, bevor sie in die Schlacht ziehen."[3] In der Trainingseinheit vor dem Spiel bereiteten wir
uns auf die Begegnung vor und erinnerten während der Partie
an die Themen aus dem Training. So waren die Kinder unserer
Erfahrung nach am aufnahmefähigsten.

Bei Spielbeginn waren die Kinder nervös – das Video hatte nicht geholfen, sondern die Anspannung noch verstärkt. Gegen die kompakte Defensive des Gegners fiel es uns schwer zum
Korb vorzudringen. Hinzu kamen unnötige Fehler, sodass wir
das erste Achtel mit sechs Punkten Rückstand beendeten. Ich
verhielt mich heute ungewöhnlich ruhig und gab wenig Anweisungen. Im zweiten Abschnitt verbesserte sich zumindest unser
Angriffsspiel, doch wir luden den Gegner weiterhin zu einfachen

---

15 Das Video „Dazzling Dunks and Basketball Bloopers"

Punkten ein. Der Rückstand blieb konstant bei sechs Zählern. Jetzt packte auch mich die Nervosität. Lenja war heute nicht dabei. Einzelne besorgte Eltern kamen zu mir und boten Kaffee an, weil ich so ungewohnt still wirkte. Zum Glück unterstützte uns Schubbi und setzte sich zu mir auf die Bank. Nach jedem Achtel versammelte er die vier Spieler, die zuletzt auf dem Feld standen, führte sie auf ein Nachbarfeld und analysierte mit ihnen das Geschehene – was gut lief und was noch verbesserungswürdig war. So hatten die Kinder die Spielsituationen noch lebhaft im Kopf. Da Schubbi und ich die gleiche Basketball-Philosophie teilten und durch dieselbe taktische Ausbildung geprägt wurden, vertraute ich darauf, dass er die gleichen Aspekte ansprach, die ich betont hätte – er konnte diese Punkte vermutlich sogar noch präziser vermitteln.

Die Anspannung löste sich im dritten Achtel, als wir den Rückstand in eine Vier-Punkte-Führung verwandelten und bis zur Halbzeit den Vorsprung auf neun Zähler ausbauten (38:29). Die Spieler blieben zwar unerklärlich unruhig, doch wir dominierten alle folgenden Abschnitte und gewannen die Partie letztlich deutlich mit 89:60. Das Spiel fühlte sich wesentlich knapper an, und auch die Kinder fragten am Ende besorgt nach dem Ausgang. Den genauen Spielstand teilten wir ihnen nicht mit – eine Praxis, die wir aus der vorherigen Saison mit den vielen hohen Niederlagen übernommen hatten.

Nach der gefühlt schwierigen vorangegangenen Begegnung erwartete uns als nächstes ein leichteres Heimspiel. Die Eltern hatten sich inzwischen gut organisiert und betrieben einen kleinen Verkaufsstand. Alles war eingespielt – vom Kaffeeausschank bis zum Süßigkeitenangebot. Auch die Kinder agierten konzentriert und harmonierten gut miteinander. Erst im siebten Achtel schlich sich etwas Nachlässigkeit ein, als jeder selbst punkten wollte. Der Ball zirkulierte seltener – und wir verloren diesen

Abschnitt mit 6:7, obwohl mit Lennard, Moritz, Levin und Till eigentlich vier zuverlässige Spieler auf dem Feld standen. Das diente uns als wertvolle Erinnerung, nicht nachlässig zu werden – und hoffentlich als Motivationsschub für die Gegner, die jeden erzielten Korb ausgelassen feierten.

> *Wie immer, vielen Dank für die Unterstützung! Jetzt haben wir noch fünf Spiele, davon eines noch vor Ostern. Zur Erinnerung: am letzten Trainingstermin vor den Osterferien machen wir ein Eltern-Kind-Training, zu dem alle Eltern eingeladen sind. Ausblick: Wir sind im Mai zum Fun Cup angemeldet.*

Beim letzten Spiel vor den Osterferien trat unsere U10-1 beim drittplatzierten Team an. Um ehrlich zu sein, war ich vor dieser Begegnung richtig nervös. Ich wünschte unserer Mannschaft den Erfolg so sehr (obwohl es ja eigentlich nicht auf das Siegen ankommen sollte), dass meine Anspannung stetig wuchs. Immerhin hatte der Gegner gegen den Tabellenführer unentschieden gespielt – ein Grund, ihn keinesfalls zu unterschätzen. Zur Beruhigung hatte ich mir diesmal einen Salbeitee mitgebracht. Später erfuhr ich, dass Phil Jackson nach deutlichen Niederlagen der Chicago Bulls Räucherbündel aus Salbeiblättern in der Kabine anzündete, um den Umkleideraum zu reinigen – eine Tradition der Lakota-Indianer.[3] Für mich diente der Tee schlicht als Beruhigungsmittel und Ablenkung. So konnte ich meine Nervosität durch gelegentliches Nippen am Becher kaschieren.

Neben den zehn mitgereisten Spielern begleiteten uns wieder zahlreiche Eltern, sodass die Partie vor vollen Zuschauerrängen begann. Im Hinspiel hatte unser Team noch hart kämpfen müssen und erst im letzten Abschnitt eine am Ende deutliche Führung herausgespielt. Der gegnerische Trainer wirkte wie immer entspannt und meinte zu mir, ich solle mir keine Sorgen machen. Gleich in den ersten Achteln spielten wir beeindruckend stark und ließen den Gegnern kaum eine Chance. Dank konzentrierter Verteidigung und harmonischem Zusammenspiel im Angriff zogen wir nach zwei Achteln mit 16:3 davon. Bis zur Halbzeit bauten wir den Vorsprung weiter aus (38:5). Verwundert fragte ich den Trainer, ob bei ihnen Spieler fehlten, da sie doch so gut gegen den Tabellenführer gespielt hatten. Er erwiderte jedoch, alle seien da – sie würden heute einfach nicht so gut spielen. Mittlerweile hatte ich meinen Teebecher geleert und konnte merklich entspannter in die zweite Halbzeit gehen.

Nach einer kurzen Verschnaufpause kamen die Gastgeber besser ins Spiel. Fast wie in jedem Spiel verloren wir ein Achtel (6:7). Zwei weitere Abschnitte endeten knapp (4:2 und 8:6). Dennoch geriet unser Sieg nie in Gefahr (Ergebnis 2. Halbzeit: 30:19). Besonders erfreulich war für mich, dass erneut alle(!) Spieler einen Korb erzielen konnten. Mit dem Endergebnis von 68:24 ging es jetzt in die verdiente Osterpause, bevor die letzten vier Saisonspiele anstanden.

Nach zwei basketballfreien Wochen während der Osterferien traten wir Mitte April zum nächsten Spiel an. Glücklicherweise hatte ich wieder einen Thermosbecher mit Salbeitee und Honig dabei – mein inzwischen bewährtes Beruhigungsritual. Die Partie entwickelte sich äußerst spannend. Unser Gegner, die zweite Mannschaft aus unserem eigenen Verein, verlangte uns alles ab. Doch trotz des engen Spielverlaufs herrschte eine großartige Atmosphäre. Ein schönes Beispiel: Nach einem brillanten Pass, der zu einem freien Korbleger führte, kam die gegnerische Trainerin freudestrahlend zu unserem Spieler und gratulierte ihm zu dieser gelungenen Aktion.

Nachdem wir das dritte Achtel mit 6:13 verloren, stand es knapp 25:24. Auch im vierten Achtel gelang es uns nicht, uns abzusetzen. Der Gegner verteidigte beharrlich, störte jeden Wurf, und ihre flinken Flügelspieler stellten unsere Defensive immer wieder vor Probleme. Sie trafen präzise und ließen sich kaum stoppen. Zur Halbzeit blieb es mit 33:29 weiterhin eng.

Eine Besonderheit im heutigen Spiel war, dass wir eine Wurfstatistik erfassten.[16] Interessanterweise erzielten wir in der zweiten Halbzeit mit 30 Prozent weniger Versuchen genauso viele Treffer wie in der Ersten. Die Wurfauswahl verbesserte sich deutlich – wir spielten freie Mitspieler geschickter an und kreierten dadurch hochprozentigere Abschlussmöglichkeiten. Besonders Lennard steigerte seine Trefferquote von mageren 17 Prozent (1 von 6) in der ersten Halbzeit auf beeindruckende 86 Prozent (6 von 7). So setzten wir uns allmählich ab, obwohl wir das siebte Achtel mit 6:8 abgeben mussten. Am Ende siegten wir mit 67:44. Die Erleichterung und Freude waren groß – ebenso wie der Respekt vor dem Gegner.

Wirklich gutes Spiel von allen! Die Saison neigt sich dem Ende entgegen. Es stehen noch zwei Spiele an. Zur Erinnerung, nach dem letzten Spiel wollen wir alle zusammen im Vereinsraum Pizza essen.

Auch wenn wir die meisten Partien letztlich deutlich gewannen, durchlebten wir fast immer Phasen, in denen der Ausgang offen war. So auch beim vorletzten Saisonspiel, einem Heimspiel: Das erste Achtel verloren wir knapp mit 11:12. Die Begegnung verlief in atemberaubendem Tempo. In der Defensive agierten beide Mannschaften unkonzentriert, und landete ein Fehlwurf neben dem Korb, sicherte sich meist das angreifende Team den Ball für einen einfachen zweiten Versuch. Das zweite und dritte Achtel zeigten ein ähnliches Bild und endeten 9:7 und 13:9.

---

16 Neben der Anzahl der Würfe pro Spieler, notierten wir heute die Anzahl der Ballverluste und -gewinne.

Schweiften die Gedanken unserer Spieler etwa schon zum Saisonfinale gegen den Tabellenführer? Wir durften an diesem Tag keinesfalls verlieren, wenn wir uns die Chance auf die Meisterschaft bewahren wollten.

Die Sorgen verflogen im vierten Achtel. Ein kurzer Zwischenspurt mit abgefangenen Bällen und sicheren Defensivrebounds bescherte uns eine beruhigende Halbzeitführung (45:29). Zwar blieb das fünfte Achtel mit schwächerer Wurfquote hart umkämpft (2:2), doch in den verbleibenden Abschnitten brannte nichts mehr an. Die Wurfauswahl verbesserte sich merklich (die Trefferquote stieg von 44 Prozent in der ersten Halbzeit auf 59 Prozent), wir fanden häufiger den freien Mitspieler (die Anzahl der Assists verdoppelte sich in der zweiten Halbzeit) und gingen sorgsamer mit dem Ball um (die Ballverluste halbierten sich). Der Endstand betrug 87:46.

Bis dahin war es bereits eine herausragende Saison gewesen. Besonders erfreulich war, dass sich alle Kinder weiterentwickelt hatten – sowohl menschlich als auch sportlich. Gleichzeitig hatten wir neue Spieler erfolgreich ins Team integriert und gemeinsam viel Freude beim Training und den Spielen erlebt. Unabhängig vom Ausgang des letzten Spiels konnten wir diese Saison als vollen Erfolg verbuchen und hatten unglaublich viel dazugelernt.

3.5 Saisonfinale

Making shots counts, but not as
much as the people who make
them.

Mike Krzyzewski (Coach K)

Die Spannung stieg. Das vorletzte Spiel war gewonnen – in
einer Woche ging es zum Saisonfinale gegen den Tabelleners-
ten. Die Gegner hatten eine weitgehend souveräne Saison gespielt und uns im Hinspiel mit 6 Punkten geschlagen. Allerdings
hatten sie gegen den Tabellendritten zweimal unentschieden gespielt (59:59 und 52:52 – in der U10-Kreisliga sind Unentschieden möglich), weshalb der Sieger des letzten Saisonspiels auch
die Meisterschaft gewinnen würde.

Viele Fragen schwirrten in unseren Köpfen: Was sollten wir
den Kindern sagen? Wie finden wir die Balance zwischen Konzentration und Verkrampfung, Intensität und Lockerheit, Be-
deutsamkeit und Spielfreude? Worauf sollten wir den Fokus im
Training legen, ohne zusätzliche Nervosität zu erzeugen oder
Verletzungen zu riskieren? Wen sollten wir spielen lassen?

Zwei Trainingseinheiten standen in der Woche noch an. Hoffentlich blieben alle Spieler gesund! Gleichzeitig liefen im Verein
schon die Vorbereitungen für die kommende Saison: Gleich nach
dem Spiel würde das Training auf die Mannschaften fürs nächste Jahr umgestellt werden, d.h. die jüngeren Spieler würden in
der U10 bleiben, die Älteren in die U12 wechseln und auf zwei
Teams aufgeteilt werden.

Wir hatten die gesamte Saison auf diese Chance hingearbei-
tet, hatten gut trainiert und waren als Team weiter zusammengewachsen. Mit einer Bilanz von 14 Siegen aus 15 Saisonspielen
hatten wir nun die Möglichkeit, Kreismeister zu werden. Es war

ein Traum für jeden Spieler, solche Spiele zu bestreiten, und auch den Eltern merkte man die Anspannung und Vorfreude an. Im Anschluss an das Spiel war ein gemütlicher Ausklang mit Pizzaessen im Vereinsraum geplant.

In den vergangenen Spielen hatten wir regelmäßig das erste Achtel verschlafen, selbst gegen schwächere Gegner. Außerdem bekamen wir Probleme, wenn die Gegner körperbetont und aggressiv spielten. Andererseits lag unsere Stärke in der Ausgeglichenheit der Mannschaft, sodass wir in der zweiten Halbzeit mit mehr Energie weiterspielen konnten. Beim vorletzten Training fehlten fünf Spieler wegen Krankheit. Am Trainingstag schien die Sonne und trieb das Thermometer auf über 27°C. Es war der erste heiße Tag, die Luft in der Halle war zum Schneiden – und intensives Training damit unmöglich. Wir machten stattdessen viele Wurfspiele. Zum Glück verletzte sich niemand.

Freitag, letztes Training der Saison. Leider war wegen der Einteilungen in die Mannschaften für die kommende Saison etwas Unruhe aufgekommen, was Spieler und Eltern ablenkte. Das Training verlief dennoch weitgehend konzentriert, mit vielen Spielen, lauter Musik, viel Spaß und erneuter Betonung des Teamgeists. Es waren eher die Trainer und Eltern, die angespannt wirkten. Im Hinspiel hatten zwei Spieler der Gegner 90 Prozent der Punkte erzielt (54 der 62 Punkte). Nummer vier hatte 42 Punkte und Nummer zehn 12 Punkte gemacht. Diese beiden Spieler wollten wir nun besser verteidigen. Alle anderen zusammen hatten die verbliebenen 8 Punkte erzielt – wenn wir es also schaffen sollten, die beiden Schlüsselspieler im Griff zu haben und sie einigermaßen an freien Korblegern zu hindern, dann sollten wir das Spiel für uns entscheiden können. Wie immer planten wir, mit zehn Spielern in die Partie zu gehen – alle zehn, die sich fit gemeldet hatten. Um die zwei starken Gegenspieler in Schach zu halten, brauchten wir in jedem Achtel zwei starke Verteidiger auf dem Feld. Entsprechend gestalteten wir die Achteleinteilung. Alles war vorbereitet für das Saisonfinale: Der Vereinsraum war geschmückt, Pizza bestellt, die Achtelaufteilung geplant.

Anfang Mai war es dann soweit: Das Saisonhighlight in der U10-Kreisliga stand an. Wie der Zufall es wollte, trafen am letzten Spieltag die beiden Spitzenteams aufeinander – der Tabellenerste und wir, die Nummer zwei der Tabelle. Unsere Gegner hatten das Hinspiel knapp mit sechs Punkten für sich entschieden (62:56, HZ: 31:25). Ansonsten hatten wir in dieser Saison kein Spiel verloren, weshalb mit einem Sieg der Sprung an die Tabellenspitze möglich war.

Kurzer Rückblick: Auch in der vergangenen Saison hatte die U10 mit (fast) dem gleichen Kader in der Kreisliga gespielt und war ohne Sieg auf dem letzten Tabellenplatz gelandet. In dieser Saison konnte sich die Mannschaft von Spiel zu Spiel steigern und gewann alle Partien souverän – bis auf jene gegen diesen einen Gegner. Alle freuten sich auf das finale Kräftemessen.

Die Anspannung war den Kindern, Trainern und Eltern anzumerken, als um neun Uhr die Halle vorbereitet wurde: Körbe herunterdrehen, Kampfgericht und Spielerbänke aufstellen, Stühle herausräumen, Bälle bereitlegen. Noch 30 Minuten bis zum Sprungball. Die Kinder machten sich konzentriert warm. Sie waren konzentrierter und leiser als sonst. Ich schlürfte meinen Salbeitee und hoffte, dass die Thermoskanne ausreichen würde. Der Gegner war mit acht Spielern angereist und ebenfalls hochmotiviert. Mit zehn bis in die Haarspitzen motivierten Kindern starteten wir in das entscheidende Spiel.

Wie so oft gingen wir etwas verhalten ins erste Achtel und ließen uns von den schnellen Gegenspielern überrennen. Aber wir hatten die beiden Topscorer (Nummer vier und zehn) weitgehend gut verteidigt. Es stand 5:9. Im zweiten Achtel stellten wir uns gezielter auf die schnellen Spieler ein, und die Verteidigung formierte sich deutlich besser. Wenn Nummer vier zum Korb dribbeln wollte, blieb Antoine durch geschickte Fußarbeit mit dem Körper vor ihm und verhinderte einfache Korbleger. Ohne freie Abschlüsse fehlten den Gegnern die Ideen im Angriff. Auch die anderen Gegenspieler hatten Schwierigkeiten, direkt zum Korb vorzudringen. Durch exzellentes Zusammenspiel und beeindruckende Spielzüge von Elias und Lennard eroberten wir die erste Führung (Spielstand 15:12). Das zweite Achtel verlief bereits sehr stark, doch es sollte noch besser werden – abgesehen davon, dass mir der Tee ausging.

Auch im dritten Achtel stand unsere Verteidigung felsenfest. Justus hielt den schnellsten Gegner unter Kontrolle, sodass dieser nicht zu freien Korblegern kam. Zahlreiche abgefangene Bälle verwandelten Moritz und Oskar durch energische Schnellangriffe in Punkte (Spielstand 31:15). Im letzten Abschnitt vor der Pause setzten die Gegner noch einmal ihre drei besten Spieler ein, um den Rückstand zu verkleinern und das Spiel offen zu halten. Doch auch in der neuen Konstellation behielten Till, Lennard, Lars und Antoine durch entschlossene Verteidigung die Kontrolle und konnten den Abschnitt mit 8:8 unentschieden gestalten. Unser Team ging mit einer beruhigenden 39:23-Führung in die Halbzeitpause.

Wir hielten an unserem Aufstellungsplan fest und ließen alle Spieler gleich oft spielen, unabhängig von der gegnerischen Aufstellung. Wer dachte, wir hätten unser Pulver verschossen, sah sich im fünften Achtel getäuscht. Die Mannschaft blieb hochkonzentriert: Mit unnachgiebiger Verteidigung, dynamischen Schnellangriffen und harmonischem Zusammenspiel bauten Diego, Oskar, Justus und Elias die Führung weiter aus (56:29). Gleichgültig, wer bei uns eingewechselt wurde – alle spielten an diesem

Tag herausragend. Daran änderten auch die folgenden beiden Achtel nichts, die mit 7:2 und 8:7 ebenfalls an uns gingen (Spielstand 71:38).

Im letzten Abschnitt ließ dann etwas die Konzentration nach, wodurch wir dem Gegner durch einige vermeidbare Ballverluste freie Korbleger ermöglichten und der Vorsprung leicht schmolz. Das konnte an unserem verdienten Sieg jedoch nichts mehr ändern: Endergebnis 76:51! Damit sicherte sich unsere U10-1 nach einer fantastischen Saison die Kreismeisterschaft 2023/24. Die Freude im Team war überwältigend. Ein für uns unvergesslicher Moment entstand, als die Kinder einen Kreis bildeten und tanzend „So sehen Sieger aus" anstimmten. Das zeigte eindrucksvoll, zu welch verschworener Einheit sie nach zwei Jahren zusammengewachsen waren.

Es war unser bestes Spiel! Wir hatten durchweg eine solide und konzentrierte Verteidigung gezeigt – auch wenn wir in einzelnen Situationen zu langsam auf die schnellen Dribblings zum Korb reagierten und gewisse Verbesserungsmöglichkeiten bestanden. Im Angriff hatten wir mit brillanten Schnellangriffen und präzisen Pässen nach vorne geglänzt. Dazu kam ein exzellentes Zusammenspiel bei schönen Spielzügen und beeindruckende Einzelaktionen, wenn diese gefragt waren.

Der Sieg war eine herausragende Teamleistung mit starker Defensive gegen schnelle und durchsetzungsfähige Gegenspieler, begeisterndem Teambasketball mit zahlreichen Pässen (und Doppelpässen) zum Korb, spektakulären Einzelaktionen im 1-gegen-1 (Crossover, Behind-the-Back-Dribbling und mehr) sowie unerschütterlichem Kampfgeist – nicht nur von allen zehn Spielern des Tages, sondern auch von jenen, die leider nicht mitspielen konnten, aber über die gesamte Saison bei anderen Spielen und im Training dabei gewesen waren. Der Sieg und die bemerkenswerte Entwicklung der Mannschaft wären ohne die kontinuierliche Unterstützung der Eltern und das konsequente Training nicht möglich gewesen.

Anstrengungslos zu gewinnen ist ein Mythos. Einen Sieg einfach aussehen zu lassen, erfordert Anstrengung im Vorfeld beim Training und in der Vorbereitung.[13] Es waren die zwei Jahre Vorarbeit, das kontinuierliche Training, die unermüdliche Arbeit auch nach Niederlagen, die es uns ermöglicht hatten, diesen Sieg so souverän und mühelos erscheinen zu lassen.

Champions werden nicht zu Champions, wenn sie ein Event gewinnen, sondern in den Stunden, Wochen, Monaten und Jahren, die sie damit verbringen, sich darauf vorzubereiten. Die siegreiche Leistung selbst ist lediglich eine Demonstration ihres Meistercharakters.[17] (Michael Jordan)

Es hat richtig Spaß gemacht. Die Freude in den Augen der Kinder und Eltern nach dem Spiel war einfach großartig! Es war eine tolle Mannschaft zusammengewachsen. Das war auch beim Pizzaessen zu bemerken – keiner wollte gehen.

Nicht nur unser Team hatte sich deutlich weiterentwickelt. Es gab einige Teams in der Liga, die sich im Saisonverlauf stark gesteigert und die Tabelle von hinten aufgerollt hatten. Die Verbesserung in der Ballbehandlung, aber auch der Aufmerksamkeit und des Umschaltens auf dem Feld war toll zu beobachten. Bei uns kam noch das Zusammenwachsen als Team und die Freude beim Spielen hinzu. Und wir hatten es geschafft, eine

---

17 Champions do not become champions when they win an event, but in the hours, weeks, and months, and years they spend preparing for it. The victorious performance itself is merely a demonstration of their championship character.

Tabelle 3.4: Abschlusstabelle der U10-Kreisliga (Jahr 2)

Rang	Team	Spiele (Anzahl)	S/N[a]	Punkte	Körbe	Differenz
1	Unser Team	16	15/1	30	1247:568	679
2	•	16	13/1	28	1207:678	529
3	•	16	11/5	22	1185:800	385
4	•	16	9/5	20	715:676	39
5	•	16	8/8	15	690:728	-38
6	•	16	7/9	14	801:814	-13
7	•	16	5/11	10	487:827	-340
8	•	16	2/14	3	494:1017	-523
9	•	16	0/16	0	308:1026	-718

a In der Liga sind auch Unentschieden möglich, sodass die Summe aus Siegen und Niederlagen nicht die Anzahl der Spiele ergeben muss.

0:12-Saison im Vorjahr in eine 15:1-Saison zu verwandeln (siehe Tabelle 3.4). Während wir in der ersten Spielzeit die Spiele im Durchschnitt mit über 50 Punkten verloren (−56,2 um genau zu sein, siehe Tabelle 3.5), schafften wir es im zweiten Jahr mit durchschnittlich +42 Punkten zu gewinnen. Natürlich lag es auch daran, dass wir in der Kreisliga gespielt hatten, aber das Risiko, in der Landes- oder Oberliga die meisten Spiele zu verlieren, war uns nach der ersten Saison zu groß gewesen.

Haben wir alles richtig gemacht? Mit Sicherheit nicht. Manches erkannten wir erst im Laufe der Zeit – etwa, dass Entwicklung ihre eigene Dynamik besitzt oder wie unterschiedlich einzelne Kinder Situationen wahrnehmen. Unser Trainingsstil reifte während der zwei Jahre kontinuierlich heran, wobei wir viel von anderen Trainern profitierten.

Rückblickend hätten wir die Eltern früher und intensiver einbinden sollen. Auch die Abstimmung zwischen uns Trainern hätte besser funktionieren können, beispielsweise durch eine systematischere Planung der Trainingsinhalte. Für das Team erstellten wir weder einen strategischen Plan noch formulierten wir konkrete Ziele – geschweige denn schriftlich. Vieles entstand intuitiv und spontan: Übungen, Auftreten, Ansprachen und Wortwahl. Was funktionierte, behielten wir bei – sei es Musik, Pfeife oder Salbeitee. Anderes verwarfen wir, wie das Videoschauen vor Spielen oder die Ganzfeldverteidigung. Es ärgert uns etwas, dass wir zu rasch auf eine Halbfeldverteidigung umgeschwenkt hatten. Diese Entscheidung entsprang zwar der Notwendigkeit, uns Sicherheit zu verschaffen und gegnerische Schnellangriffe zu unterbinden, bot den Kindern jedoch nicht die optimalen Bedingungen zur defensiven Schulung. Dennoch war sie für dieses Team die einzig praktikable Lösung.

Tabelle 3.5: Vergleich der Tabellenplatzierung Jahr 1 vs. 2

Jahr	Rang	Spiele	S:N[a]	Punkte	Körbe	Differenz	Körbe p. Spiel
1	7	12	0:12	0	317:991	-674	26:82 (-56,2)
2	1	16	15:1	30	1.247:568	679	77:35 (+42,4)

[a] Es sind nur die regulären Saisonspiele gezählt. Im ersten Jahr ohne die Niederlage im Pokalspiel und im Vorbereitungsspiel und im zweiten Jahr ohne die Siege in den Vorbereitungsspielen.

Wir haben viel dazugelernt. Sowohl die Kommunikation als auch der Umgang mit den Eltern verbesserten sich – zumindest aus unserer Perspektive – deutlich. Mittlerweile können wir klarer einschätzen, welche Trainingsinhalte für welchen Entwicklungsstand angemessen sind. Im Training gelingt es uns besser, auf die Bedürfnisse und Emotionen der Kinder einzugehen und flexibler mit angepassten Übungen zu reagieren. Trotz aller Fehler und unseres eigenen Wachstums als Trainer ist es ein ermutigendes Zeichen, dass die Kinder uns auch nach Saisonende freudig begrüßen, von sich erzählen und sich über unseren Besuch bei ihren Spielen freuen.

3.6 Saisonabschluss - FunCup Münster

> The joy is in the journey of pushing yourself to the outward limits of your ability and teaching your organization to do the same.
>
> John Wooden

Es war eine lange Saison, und man spürte, wie mit der Meisterfeier die Anspannung verflog. Im Verein lief bereits die Planung für die kommende Spielzeit auf Hochtouren: Welche Mannschaften würden in welcher Liga gemeldet? Wer würde welches Team trainieren? Welche Hallenzeiten bekämen wir, und wie ließen sich diese mit der Verfügbarkeit der Trainer vereinbaren?

Um den Kindern einen schönen Abschluss der gemeinsamen zwei Jahre und besonders der letzten intensiven Wochen zu bieten, meldeten wir uns zum eintägigen FunCup in Münster an. Dabei standen für uns Spaß und Gemeinschaft im Vordergrund – wir wollten einen unvergesslichen Tag in Münster verbringen.

3 Die zweite Saison

Da in der U10-Kreisligagruppe kein Platz mehr frei war, mussten wir in der anspruchsvolleren Gruppe gegen Oberliga- und Landesligateams antreten. Bei strahlender Sonne machten wir uns leicht verschlafen in einem Autokonvoi auf den Weg. Draußen herrschte eine entspannte, sonnendurchflutete Atmosphäre bei der Ankunft, wir unternahmen einen kurzen Spaziergang zur nahegelegenen Halle und absolvierten ein unkonventionelles Aufwärmen auf dem Grundschulhof. Drinnen erwarteten uns dann Enge, Lärm und Intensität beim ersten Spiel – der Kontrast hätte kaum größer sein können. Die winzige Halle war gefüllt mit Eltern, die rund um das Spielfeld standen. Uns blieben nur fünf Minuten, um uns mit Korblegern auf die abgesenkten Körbe einzustellen, bevor das erste Spiel gegen Berlin begann. Bei zweimal zehn Minuten Spielzeit gab es keine Verschnaufpausen – es wurde fliegend gewechselt, was wir vorher nie geübt hatten. Der Lärmpegel in der Halle war durch die Zuschauer so hoch, dass die Spieler keine Anweisungen verstehen konnten.

Das Spiel entwickelte sich zum Schlagabtausch, alle Akteure zeigten eine hohe Konzentration und die Partie wurde hart umkämpft. Unsere Mannschaft harmonierte hervorragend, besonders die Schnellangriffe wurden dynamisch und zielstrebig ausgespielt. Nach schweißtreibenden 20 Minuten folgte der bange Blick zum Kampfgericht: Wir hatten mit 41:39 knapp gewonnen! Eine große Erleichterung, dass wir als Kreisligist wenigstens einen Sieg in der starken Gruppe errungen hatten – und das ausgerechnet gegen Berlin! Die folgende Spielpause nutzten die Kinder nicht etwa zur Erholung, sondern tobten auf dem Spielplatz in der Sonne. Auch die Eltern genossen das prächtige Wetter und das eine oder andere kühle Getränk.

Am frühen Nachmittag trafen wir auf Kirchhellen, die stärkste Mannschaft der Gruppe. Das Team demonstrierte von Beginn an seine Überlegenheit und setzte seine körperlichen Vorteile aggressiv ein. Unsere Spieler ließen sich anfangs etwas einschüchtern, hielten dann jedoch mutig dagegen. Durch einige Unaufmerksamkeiten in der Defensive und unglückliche Aktionen fiel die Niederlage unnötig deutlich aus. Den Spielern war die Enttäuschung anzumerken. Dennoch bot die Begegnung mit einem so starken Gegner wertvolle Erkenntnisse darüber, wo wir uns noch verbessern konnten.

Eine Stunde später stand das Duell gegen den Gastgeber an. Gegen diesen ebenbürtigen Gegner starteten wir erneut schlecht: In der Verteidigung agierten wir unkonzentriert und nachlässig, während im Angriff jeder versuchte, den Korberfolg zu erzwingen. Zur Halbzeit lagen wir deutlich zurück. In der zweiten Spielhälfte steigerten wir uns zwar, konnten die Niederlage aber nicht mehr abwenden.

Im letzten Gruppenspiel trafen wir auf einen bis dahin sieglosen Kontrahenten. Mit einer deutlichen Leistungssteigerung im Vergleich zu den vorangegangenen beiden Partien kontrollierten wir das Geschehen dank einer konzentrierten Defensivleistung. Zahlreiche Ballgewinne verwandelten wir direkt in Punkte. Einziger Wermutstropfen: Moritz knickte gegen Ende der ersten Halbzeit um und konnte nicht weiterspielen. Dennoch gewannen wir die Begegnung deutlich und belegten in einer sehr anspruchsvollen Gruppe, in der alle Teams höherklassig spielten als wir, einen beachtlichen dritten Platz unter fünf Mannschaften. Ein erfolgreiches Turnier voller Freude und wertvoller Erkenntnisse. Besonders aufschlussreich war zu beobachten, wie unterschiedlich ein Team gegen schwächere und stärkere Gegner auftreten kann.

Abbildung 3.3: Die Mädels im Team freuen sich über den Fun-
Cup.

Es war ein rundum gelungener Tag mit begeisterndem Basketball und entspannter Atmosphäre zwischen den Spielen. Die
Kinder freuten sich außerordentlich über den errungenen Pokal
(siehe Abbildung 3.4) und hatten sichtlich Spaß! (Abbildung
3.3)

Müde und erschöpft traten wir die Heimreise an. Das Turnier hatte den Zusammenhalt sowohl innerhalb des Teams als
auch unter den Eltern spürbar gestärkt (vgl. Kapitel 3.3.1). Die
Entscheidung, am FunCup teilzunehmen, erwies sich als absolut richtig. Viele der für uns zentralen Aspekte erlebte das Team
hier in konzentrierter Form: Spielfreude, Teamgeist, konstruktiver Umgang mit Fehlern und das Meistern neuer Herausforderungen. Die Begegnungen mit wirklich starken Vereinen zeigten, dass man nach zwei Jahren gemeinsamen Trainings auch

Abbildung 3.4: Gewonnene Pokale und Medaillen in der zweiten
Saison

mit leistungsstarken Gegnern mithalten kann – vorausgesetzt,
man hält zusammen, bewahrt die Freude am Spiel und bringt
Geduld mit.

Ohne dass wir Trainer bewusst darauf geachtet hatten, sam-
melten auch wir wertvolle Erkenntnisse: Wir konnten die Spitzenteams beobachten und erkennen, was sie von den anderen
Mannschaften unterscheidet. Darüber hinaus spürten wir, welche Energie und Begeisterung ein solches Turnier freisetzen
kann.

Neben dem Kreismeisterpokal und den Kreismeistermedaill-
len bleibt der Erinnerungspokal vom FunCup ein weiteres blei-
bendes Symbol für zwei Jahre U10-Basketball (siehe Abbildung
3.4). Die Basketballreise der Kinder kann nun weitergehen.

Zehn Erkenntnisse nach Jahr zwei

- **Nicht aufgeben:** Noch mehr Geduld. Auch im zweiten Jahr geht nicht jeder Korbleger rein. Aber die Kinder entwickeln sich stetig weiter.

- **Stärken stärken:** Jedes Kind hat Stärken. „Ich sehe, was du drauf hast, und ich glaube daran, dass du wertvolle Beiträge leisten kannst."

- **Vertrauen:** Schenke den Kindern vertrauen und sie werden dir auch vertrauen.

- **Zu zweit geht alles besser!** Es erleichtert so vieles, wenn man die Probleme mit jemandem Teilen kann und sich gegenseitig hilft. Z.B. kann beim Spiel ein Trainer die Kinder auf das nächste Achtel vorbereiten, während der andere Trainer die Kinder, die gerade gespielt haben, auf Verbesserungen hinweist.

- **Herausforderungen schaffen:** Kinder müssen gefordert und mit erreichbaren Zielen motiviert werden. Bevor Langeweile aufkommt, können kleine zusätzliche Herausforderungen helfen, die Motivation hoch zu halten.

- **Einbindung durch Fragen:** Fördert das Verständnis und zeigt ernsthaftes Interesse. In der Sesamstraße heißt es nicht umsonst: „Wieso, weshalb, warum? Wer nicht fragt bleibt dumm." Sei da und hör den Kindern zu.

Zehn Erkenntnisse nach Jahr zwei (Fortsetzung)

- **Salbeitee:** Ruhe bewahren (zumindest nach außen), denn Hektik ist ansteckend und wird die Kinder noch unruhiger machen. Salbeitee (mit Honig) wirkt wahre Wunder.

- **Nobody is perfect:** Das ist nicht nur der Name eines Films mit Terence Hill, sondern gilt ebenfalls für Spieler und selbstverständlich auch für Trainer. Akzeptiert und respektiert die Kinder wie sie sind und lasst euch nicht durch Fehler entmutigen.

- **Glück:** Es gehört auch Glück dazu, zur richtigen Zeit am richtigen Ort zu sein oder Spieler zu haben, die zueinander und zum eigenen Trainingsstil passen (Teamdynamik zwischen Spielern, Trainern, Eltern).

- **Basketball ist nicht alles** – aber ein tolles Hobby für Trainer, Spieler und alle anderen Spielbeteiligten.

4 Loslassen

Looking back it seems to me
all the grief that had to be
left me when the pain was over
stronger than I was before

Anonym, zitiert nach John
Wooden [34]

Was bedeutet es, Trainer zu sein? Lehrer, Clown, Animateur, Vertrauensperson, Übungsleiter, Begleiter, Ausbilder, Betreuer, Vorturner, Dompteur, Freund, Vorbild, Entscheider ...? Der Begriff „trainieren" leitet sich etymologisch von den Wörtern ziehen und schleppen ab und wurde ursprünglich in der Pferdezucht verwendet, um die gezielte Ausbildung und Leistungssteigerung von Rennpferden zu beschreiben. Interessanterweise stammt auch der englische Begriff „to coach" aus dem Pferdebereich, wo er sowohl für das Kutschieren als auch für die Ausbildung des Kutschengespanns stand.[1][49],[50]

---

1 trainieren – „‚durch ständiges, planmäßiges Üben die Leistungsfähigkeit erhöhen', besonders ‚auf sportliche Höchstleistungen vorbereiten', entlehnt (1. Hälfte des 19. Jh.) aus engl. to train ‚erziehen, ausbilden, schulen, üben, abrichten, zureiten', älter auch ‚ziehen, schleppen, anlocken', das auf afrz. trainer ‚nachziehen, schleifen, schleppen' (frz. trainer ‚dehnen, hinziehen, nachschleppen') beruht. [...] Trainer – ‚wer Sportler oder Pferde betreut, ausbildet, auf Höchstleistungen vorbereitet' (Anfang 20. Jh.), zuvor im Pferdesport ‚Zureiter, Abrichter' [...].[49]

Wir sollten unsere Rolle nicht überbewerten, weder hinsichtlich unseres Einflusses auf die Kinder noch bezüglich unserer Aufgabe, künftige Basketballstars zu entwickeln. Das Handbuch „Persönlichkeits- & Teamentwicklung" des DSJ bezeichnet Trainer treffend als „sportliche Begleiter", die Rahmenbedingungen und Anregungen schaffen, um Spieler sowohl sportlich als auch sozial weiterzuentwickeln. Trainer fungieren als „fachlich-partnerschaftliche Berater" und Vorbilder, die „langfristige motorische und psychosoziale Entwicklungen in den Vordergrund" stellen.[28] Besonders prägnant hat es Doug Lemov formuliert:[9]

*Wir wollen Menschen dabei helfen, ihre sportlichen Träume zu verwirklichen, ihr Potenzial zu maximieren und herauszufinden, was es bedeutet, nach Spitzenleistungen zu streben, und lernen, als Gruppe zusammenzuarbeiten. Für die meisten wird sich die Reise selbst als Geschenk herausstellen. Egal. Sie werden andere (hoffentlich größere) Dinge anstreben. Wenn wir unsere Arbeit gut gemacht haben, wird unser Coaching ihnen geholfen haben, bei diesen Unternehmungen genauso erfolgreich zu sein oder vielleicht sogar mehr als bei dem Ziel, das sie und wir in all den Jahren des Trainings hauptsächlich verfolgt haben. Würden wir anders trainieren, wenn wir wüssten, dass dies das wahre Ergebnis ist? **Letztendlich sollte unsere Arbeit in erster Linie***

Coach – ‚Sportlehrer, Trainer', Übernahme (20. Jh.) von gleichbed. engl. coach, eigentlich ‚Kutsche', danach ‚wer das Kutschieren (coaching) betreibt, den Kutschentransport begleitet, junge Pferde als Kutschengespann ausbildet' und ‚Begleiter, Privat-, Haus-, Nachhilfe-, Sportlehrer', aus mfrz. frz. coche ‚Reisewagen, Kutsche' [...].[50]"

unseren Athleten helfen, erfolgreich zu sein,
indem wir ihnen helfen, die besten Menschen
zu werden, die sie sein können.

Das Training und die Teilnahme am Sport sowie unsere Vorbildfunktion als Trainer können dazu beitragen, verschiedene
Arten von Tugenden bei den Kindern zu stärken. Dazu zählen:

- Moralische Tugenden: Freundschaft, Mut, Ehrlichkeit, Be-
  scheidenheit, Dankbarkeit.

- Leistungstugenden: Entschlossenheit, Ausdauer, Belast-
  barkeit, Teamarbeit.

- Gesellschaftliche Tugenden: Gemeinschaft, Aufrichtigkeit.

Die Stärkung dieser Tugenden ist vielleicht ein viel wichtigerer
Zweck als die sportliche Höchstleistung des Einzelnen. Wir als
Trainer sollten uns trotz unserer vermeintlich kleinen Rolle dieser Verantwortung bewusst sein. Mit diesem Buch wollten wir
zeigen: Das Trainieren im Minibereich ist keine starre Methode,
kein fixes Konzept, das man einer Gruppe von Kindern einfach
überstülpt. Es ist eine Reise – lebendig, herausfordernd, voller
Überraschungen und Entwicklungsmöglichkeiten. Wer sich als
Trainer auf diesen Weg einlässt, schöpft daraus Energie, Freude und Sinn. Miguel de Cervantes brachte es treffend auf den
Punkt: „Der Weg ist immer besser als die schönste Herberge."

John Wooden betont im Kapitel „The joys of my journey",
dass es ihm die größte Freude bereitete, andere dabei zu unterstützen, ihr Potenzial zu entfalten und als Team gemeinsam
nach Spitzenleistungen zu streben. Für ihn lag die eigentliche
Erfüllung nicht im Gewinnen von Spielen oder Meisterschaften,
sondern darin, Menschen zu begleiten, sie zu fördern und ihnen
zu helfen, zu wachsen – sowohl sportlich als auch persönlich.

Letztlich, so Wooden, sollte es das Ziel guten Coachings sein, Athleten dabei zu unterstützen, nicht nur sportlich erfolgreich zu werden, sondern vor allem die besten Menschen zu werden, die sie sein können.[34]

Gutes Coaching ist weit mehr als Technik und Taktik. Es ist eine anspruchsvolle Mischung aus Wissen, Kommunikation und Führungsstärke – eine Art sozio-verhaltensbezogener Sport, dessen Grundlagen erlernt und entwickelt werden können.[9] In einer Welt voller Ratschläge und äußerer Einflüsse fällt es oft schwer, den Überblick zu behalten und Prioritäten zu setzen. Doch so sehr man sich auch mit Trainingsphilosophie, Konzepten, Spielerentwicklung, Zielbildern und Planung beschäftigt – am Ende kommt es auf die menschlichen Kompetenzen an, die wir bereits in Kapitel 2 hervorgehoben haben:

1. Aufmerksamkeit, Feingefühl und Verständnis – verbunden mit echter Liebe und Empathie für die Kinder;

2. Gelassenheit, mentale Stärke, Geduld und Demut – denn die langfristige Entwicklung der Kinder ist wichtiger als kurzfristige Erfolge;

3. Engagement und Begeisterung – nur wer mit vollem Einsatz dabei ist, maximiert den Spaß, die eigene Erfahrung und den Mehrwert für die Spieler; dazu gehören auch Commitment und Authentizität;

4. die Fähigkeit zur Selbstreflexion, Offenheit für unterschiedliche Perspektiven und der Wille, sich stetig weiterzuentwickeln – ein echtes „Growth Mindset";

5. Selbstvertrauen und Mut – insbesondere im Umgang mit anderen Spielern und in herausfordernden Situationen.

Mit Liebe anzuleiten und den Kindern zu zeigen, dass man wirklich für sie da ist – das ist die Basis. Als Trainer musst du dich ehrlich für das Leben und Wohlergehen deiner Teammitglieder interessieren und dies auch abseits des Spielfelds, vor und nach dem Training, durch Anteilnahme und Unterstützung zum Ausdruck bringen. Oder, um es mit den Worten von Basketball-legende Magic Johnson zu sagen: „Alles, was Kinder brauchen, ist ein wenig Hilfe, ein wenig Hoffnung und jemanden, der an sie glaubt."[2]

In der Minitrainer-Offensive, einem Intensivkurs des DBB, wird betont, wie wichtig Spaß und Freude für die Kinder sind: „Das Wichtigste sind die Kinder. Jedes Training, bei dem die Kinder mit einem Lächeln das Training verlassen. Die wichtigste Grundvoraussetzung ist Empathie für Kinder und auch den Mut zu haben, Spiele mit den Kindern zu machen, bei denen man sich selbst zum Clown macht." (vgl. Kapitel 2.2.2) „Studien [. . .] zeigen, dass Kinder, die in jungen Jahren auf Leistung getrimmt werden, den Sport zu über 90 Prozent mit oder nach der Pubertät aufgeben, egal ob sie erfolgreich waren oder nicht. Daher sollte übertriebener Ehrgeiz vermieden werden."[26] Dafür muss man als Trainer das eigene Ego im Zaum halten. Ein Jugendtrainer sollte immer im Hintergrund bleiben, nicht im Rampenlicht stehen. Die Anzahl der Siege oder Niederlagen in einer Saison sagt wenig bis gar nichts über die Qualität eines

---

2 Magic Johnson (1959) ist ein ehemaliger US-amerikanischer Basketballspieler und einer der größten Point Guards in der Geschichte der NBA. Er spielte bei den LA Lakers und gewann u.a. fünf NBA-Titel, wurde je dreimal MVP der regulären Saison und der Finals. Nach seiner HIV-Diagnose 1991 beendete er seine Karriere, spielte aber noch im Dream Team 1992 für die Nationalmannschaft. Im englischen Original sagte Magic Johnson: „All kids need is a little help, a little hope and somebody who believes in them."

Minitrainers aus. Johan Cruyff[3] hat dies treffend beschrieben: „Manchmal habe ich das Gefühl, dass das Wichtigste für die meisten Jugendtrainer das Gewinnen von Spielen ist. Sie interessieren sich hauptsächlich für den eigenen Erfolg und die eigene Reputation. Mein Interesse galt stets dem Verein. Wenn ein talentierter Spieler nicht verteidigen konnte, dann habe ich ihn in die Abwehr gesteckt, damit er es lernt, was uns einiges an Punkten gekostet hat. Aber ich habe mich nicht um die Punkte gesorgt, denn ich war damit beschäftigt, den Spieler weiterzuentwickeln." Übertragen auf Basketball heißt das: keine frühzeitige Festlegung auf feste Spielpositionen (Aufbau, Flügel, Center), stattdessen Stärken stärken, um an Schwächen zu arbeiten. Gerade bei Minis (U8, U10, U12) ist die körperliche und psychische Entwicklung noch nicht absehbar (siehe auch Kapitel 3.3.4).

Ein engagierter und begeisterter Trainer reißt die Kinder mit und schafft durch seine positive Ausstrahlung ein konstruktives Lernumfeld. Authentizität baut Vertrauen auf – und Studien zeigen, dass authentische Führung das Engagement und die Motivation der Spieler steigert. Das ist gerade für die Entwicklung von Selbstvertrauen und Teamgeist entscheidend (vgl. Kapitel 3.3.3). Eine Studie von Kernis und Goldman hebt hervor, dass authentische Führungskräfte in der Jugendentwicklung nachhaltigere Beziehungen und Lernerfolge schaffen.[51]

---

3   Johan Cruyff (1947–2016) war ein niederländischer Fußballspieler und -trainer, der als einer der größten Fußballer aller Zeiten gilt. Er wurde dreimal Europas Fußballer des Jahres. Sein Fokus lag auf kreativer Freiheit, Technik und schnellem Kombinationsspiel. Als Trainer entwickelte er viele junge Talente, gewann mit Ajax Amsterdam den Europapokal der Pokalsieger (1987) und mit dem FC Barcelona die Champions League bzw. den Europapokal der Landesmeister (1992).

Gute Trainer bleiben immer Lernende. Sie sind davon besessen, ihren Spielern die richtigen Werkzeuge und die nötige Unterstützung zu geben, damit sie sich Tag für Tag weiterentwickeln können.[9] Niemand ist perfekt – weder Spieler noch Trainer. Aber die Bereitschaft, sich stetig zu verbessern, Neues zu lernen, Dinge auszuprobieren und offen für Ratschläge zu sein, sollte man nicht nur den Kindern vermitteln, sondern auch selbst vorleben (siehe Kapitel 3.3.3). In über 30 Jahren als aktive Basketballspieler haben wir viele gute Trainer erlebt, jeder mit eigenen Ideen und eigenem Stil. Von allen kann man sich Anregungen holen, aber am Ende muss jeder seinen eigenen Weg finden. John Wooden bringt es auf den Punkt: „Wer danach strebt, eine Führungspersönlichkeit zu werden, kann es schaffen; wer eine bessere Führungspersönlichkeit werden möchte, kann es auch schaffen. Ich weiß das, weil ich das in meinem eigenen Leben erlebt habe. Die Coaching- und Führungskompetenzen, die ich besitze, habe ich mir durch Zuhören, Beobachten, Lernen und anschließend durch Ausprobieren angeeignet."[34]

Als Trainer trägt man Verantwortung – und macht sich damit nicht immer beliebt. Man hält die Zügel in der Hand und muss Entscheidungen treffen, auch unbequeme: Wer spielt, wann, wie oft? Wer bleibt draußen? Wie wird gespielt? Welche Übungen stehen an? Wie werden Streitigkeiten gelöst? Was erklärt man den Eltern? Während andere am Spielfeldrand stehen und kritisieren, muss der Trainer handeln. Dazu braucht es Souveränität: den Mut, Fehler zu machen und nicht aufzugeben, das Selbstbewusstsein, sich vor die Kinder zu stellen und sie anzuleiten, und das Vertrauen, auch nach Konflikten weiterzumachen und durchzuhalten.

Unsere Trainerreise war nicht immer einfach – aber gerade deshalb so lehrreich. Genauso, wie es folgendes englisches Sprichwort beschreibt: „Eine ruhige See hat noch keinen erfah-

renen Seemann hervorgebracht." Unsere See war in den letzten zwei Jahren – besonders im ersten Jahr – alles andere als ruhig. Vieles, was in diesem Buch steht, wussten wir damals selbst nicht. Wir mussten unsere eigenen Wege finden, Fehler machen, Erfahrungen sammeln und dabei viel über Kinder und das Training lernen. Manche Übungen scheiterten, manche Trainingseinheiten verliefen chaotisch, und wir haben mit unseren Annahmen und Ansätzen oft danebengelegen. Doch rückblickend war es vor allem eine großartige Zeit.

Mit jedem Monat wuchsen das Vertrauen und der Respekt der Kinder – und wir spürten, wie sehr wir ihnen helfen konnten, sich weiterzuentwickeln. Was sie nicht wissen: Auch wir haben von ihnen enorm viel gelernt. Manchmal lernt man, was funktioniert, manchmal, was nicht – aber immer lernt man. Abraham Lincoln hatte wohl ähnliche Erfahrungen gemacht, als er sagte:

> *Ich habe nie einen Menschen getroffen, von dem ich nicht etwas gelernt habe – auch wenn es meistens etwas war, das man besser nicht tun sollte.*[4]

Wir haben nicht nur viel über uns selbst erfahren, sondern auch die Freude am Training im Minibereich (U10–U12) entdeckt. Und wir hatten Glück: Denn Trainer und Team müssen zusammenpassen, sich aufeinander einlassen, miteinander wachsen. Das lässt sich nicht erzwingen. Niemals hätten wir gedacht, wie viel Zeit und Herzblut wir ins Jugendtraining investieren würden – und wie sehr uns diese Gruppe junger Menschen ans Herz wachsen würde. Jeder Einzelne war auf seine Weise besonders, liebenswert und herzlich, trotz aller Konflikte. Dieses Gefühl, Teil einer solchen Entwicklung zu sein, ist eine der größten Freuden im Trainerdasein.

---

4 Zumindest soll er das gesagt haben – es handelt sich um ein zugeschriebenes Zitat ohne belegbare Quelle.

Inzwischen haben wir die Mannschaft abgegeben. Die Spieler wurden auf drei neue Teams verteilt und mit anderen Kindern zusammengelegt – nicht alles lief ideal, aber so ist das Leben. Man muss Kompromisse eingehen und das Beste daraus machen. Wir durften die Kinder zwei Jahre lang begleiten, haben unser Bestes gegeben – genau wie sie – und gemeinsam einen wunderbaren Saisonabschluss erlebt. Viele der Kinder, die weiter Basketball spielen, begegnen uns regelmäßig in den Sporthallen. Wir grüßen uns, tauschen ein paar Worte aus, und es freut uns zu sehen, dass sie dem Basketball treu geblieben sind.

Etwa sechs Monate nach dem Saisonabschluss trafen Lenja und ich uns wieder in der Sporthalle. Wir hatten beide gerade das Training einer U10-Mannschaft hinter uns, waren ratlos und erschöpft. Die Kinder hörten nicht zu, machten Quatsch, es herrschte Chaos – ganz ähnlich wie damals, vor zwei Jahren, bei unserer ersten gemeinsamen U10. Wir blickten sehnsüchtig auf unsere alte Mannschaft zurück. Wie hatten wir das nur geschafft? Wir hatten diesen Weg schon einmal beschritten – aber ein Patentrezept gibt es nicht. Geduld ist gefragt. John Wooden wusste es längst:[34]

Erfolg ist kein Ziel, sondern eine Reise.

Lenja hat sich entschieden, keine neue Mannschaft zu übernehmen und widmet sich nun ihrem Studium. Ich selbst habe eine neue U10 übernommen – diesmal ein reines Mädchenteam. Was vor uns liegt, ist offen, aber eines haben uns die letzten beiden Jahre gelehrt: Jede Mannschaft, jedes Kind, jede Saison ist ein neuer Anfang – voller Herausforderungen, Überraschungen und gemeinsamer Entwicklung.

Wir blicken dankbar zurück: auf das Vertrauen, das uns geschenkt wurde, auf die Freude, die wir teilen durften, und auf das Wachstum, das wir begleiten konnten. Wir haben Fehler gemacht, gezweifelt, gelacht und gestaunt – und dabei vor allem eines gelernt: Es sind nicht die Siege, die bleiben, sondern die gemeinsamen Wege und das Miteinander.

Dieses Buch ist unser Versuch, diese Erfahrungen weiterzugeben. Es gibt kein Patentrezept, keinen perfekten Plan – aber es gibt den Mut, immer wieder neu zu beginnen, offen zu bleiben und die Freude am Spiel nie aus den Augen zu verlieren.

Vielleicht hast du beim Lesen gespürt, was uns getragen hat: die Kraft des Zusammenhalts, das Staunen über kleine Fortschritte, die Freude am gemeinsamen Weg. Wir wünschen dir, dass du diese Begeisterung weiterträgst – in dein Team, in deine Halle, in dein Leben.

Denn am Ende zählt nicht der Pokal, sondern die Reise dorthin. Danke, dass du uns ein Stück begleitet hast.

Danksagung

Ein Herzensprojekt wie dieses Buch entsteht nicht allein – es lebt von den Menschen, die uns auf unserem Weg begleitet, unterstützt und inspiriert haben.

Unser besonderer Dank gilt **den Kindern**, die wir in den vergangenen zwei Jahren trainieren durften. Von euch haben wir viel über den Umgang mit jungen Menschen, das Training und uns selbst gelernt. Euer Enthusiasmus, eure Energie und euer Lernwille haben uns stets motiviert. Ebenso danken wir euren **Eltern**, die uns ihr Vertrauen geschenkt und uns mit ihrer Unterstützung immer den Rücken gestärkt haben.

Ein großes Dankeschön geht an unseren Verein und insbesondere an **Schubbi, Dirk und Birnur. Schubbi** der uns nicht nur als Jugendwart, sondern auch beim Training geholfen hat. **Dirk** von dem wir nicht nur organisatorisch als Miniwart unterstützt wurden (z.B. bei der Trikotbeschaffung), sondern der auch menschlich für uns da war und immer ein offenes Ohr für unsere Sorgen hatte. Dass in diesem Buch keine Probleme vorkommen, die um Themen wie die Spielorganisation, Spielverlegungen, die Spielermeldung oder Spielerpässe kreisen, haben wir **Birnur** zu verdanken, die unermüdlich und immer mit einem Lächeln alle Anfragen für uns gelöst hat. Ohne eure Unterstützung und euer Engagement wäre vieles nicht möglich gewesen – ihr seid das Rückgrat unserer Arbeit.

Nicht vergessen dürfen wir unsere eigenen Trainer, die uns für Basketball begeistert und geprägt haben: **Birgit, Gaby, Nici, Ruth, Sarah, Andre, Bici, Hansi, Heinz, Jürgen, Malte, Mario, Olli, Peter H., Tobi, und Coach Watts** – ihr habt uns nicht nur Technik und Taktik beigebracht, sondern auch, was es heißt, mit Leidenschaft und Hingabe dabeizusein. Danke für euren Einsatz!

Herzlichen Dank auch an unsere **Freunde**, im Besonderen **Dana, Dirk, Schubbi** und **Jens**. Euer Feedback und eure ehrlichen Worte waren uns eine große Hilfe und euer Zuspruch hat uns immer wieder motiviert, dieses Buchprojekt nicht aufzugeben.

Den allergrößten Dank möchten wir schließlich **unseren Familien** aussprechen – unseren **Eltern, meiner Frau Dani, meinen Kindern Lena und Malte**. Ihr habt uns stets den Rücken freigehalten, damit wir unserem Hobby nachgehen konnten. Ihr habt uns unterstützt, aufgebaut, getröstet, Ratschläge gegeben und wart immer für uns da. Ohne euch wäre dieses Buch nie entstanden.

Danke euch allen!

Literatur

[1] Mark Kriegel. *Pistol - The Life of Pete Maravich*. Free Press, 2008.

[2] USA Basketball. *Youth Basketball Guidelines*. Accessed on 2024-06-05. 2023. URL: https://www.usab.com/play/youth-basketball-guidelines.

[3] Phil Jackson. *Die Essenz des Erfolgs*. FinanzBuch Verlag, 2022.

[4] Merle Kolb. *Entwicklungspsychologie leicht erklärt: Entwicklungspsychologische Grundlagen verstehen und anwenden. Kinder und Jugendliche auf dem Weg zur eigenen Persönlichkeit mit Herz und Hirn begleiten*. Independently published, 2020.

[5] DBB. *Leitfaden und Rahmentrainingsplanung für das Training mit Kindern und Jugendlichen.* Accessed on 2024-06-25. 2022. URL: `https://www.basketball.nrw/images/LEITFADEN_UND_RAHMENTRAININGSPLANUNG_FU%CC%88R_DAS_TRAINING_MIT_KINDERN_UND_JUGENDLICHEN.pdf`.

[6] W. Chan Kim und Renée Mauborgne. *Parables of Leadership.* Accessed on 2024-05-28. Juli 1992. URL: `https://hbr.org/1992/07/parables-of-leadership`.

[7] Lothar Bösing u. a. *Handbuch Basketball.* Meyer und Meyer Verlag, 2019.

[8] DBB. *Spielregeln Minibasketball Deutschland.* 2024. URL: `https://www.basketball-bund.de/wp-content/uploads/sites/2/2024/07/DBB_Jugend_Miniregeln_2024.pdf`.

[9] Doug Lemov. *The Coach's Guide to Teaching.* John Catt, 2020.

[10] Sunzi. *Die Kunst des Krieges.* Knaur MensSana eBook, 2020.

[11] *Positive Coaching Alliance.* Accessed on 2024-05-28. 2024. URL: https://positivecoach.org/.

[12] Steve Kerr. *Basketball Coach Steve Kerr's Advice To Sports Parents - YouTube.* Dez. 2014. URL: https://www.youtube.com/watch?v=O1ozcAkPtGU.

[13] Roger Federer. *2024 Commencement Address by Roger Federer.* Juni 2024. URL: https://home.dartmouth.edu/news/2024/06/2024-commencement-address-roger-federer.

[14] Jesse Mermuys. *Here's What Happens When Parents Remove Pressure From The Sidelines.* Accessed on 2024-05-28. 2021. URL: https://devzone.positivecoach.org/resource/video/heres-what-happens-when-parents-remove-pressure-sidelines.

[15] Washington Post. *Don't be 'that' sports parent - YouTube.* März 2015. URL: https://www.youtube.com/watch?v=-rtWYjoa_Rs.

[16] Brian McCormick. *The 21st Century Basketball Practice*. 180Shooter.com, 2014.

[17] Brad Stevens. *Good Composure is Vital for Coaching*. Accessed on 2024-05-28. 2024. URL: https://devzone.positivecoach. org/resource/video/brad-stevens-good-composure-vital-coaching.

[18] A. Jean Ayres. *Bausteine der kindlichen Entwicklung*. Springer, 2016.

[19] Catherine Price. *Humor Is Serious Business*. Juli 2017. URL: https://www.gsb.stanford.edu/ insights/humor-serious-business.

[20] Jennifer Aaker und Naomi Bagdonas. *Humor, Seriously - Why Humor is a Secret Weapon in Business and Life*. Feb. 2021. URL: https://www.humorseriously.com/.

[21] Eric Sevareid. *Humor Is Serious Business*. Juli 2017. URL: https://humor-seriousbusiness.stanford.edu/.

[22] Seattle Seahawks. *Practice Is Everything: Learning how the Seahawks Practice.* Feb. 2017. URL: https://www.youtube.com/watch?v=NMLa6fM1OKA&t=270s.

[23] Daniel Coyle. *How to Fail Smarter: The Goldilocks Rule.* Dez. 2011. URL: https://danielcoyle.com/2011/12/14/how-to-fail-smarter-the-goldilocks-rule/.

[24] Graham Betchart. *What Happens When You Positively Reinforce The Way Kids Fail.* Accessed on 2024-05-28. 2021. URL: https://devzone.positivecoach.org/resource/video/what-happens-when-you-positively-reinforce-way-kids-fail.

[25] Jr. NBA. *Layup Hi-Five Drill - Video.* URL: https://jr.nba.com/video/layup-hi-five-drill/.

[26] Jürgen Maaßmann und Oliver Mayer. *Leitfaden Minibasketball.* Deutscher Basketball Bund e.V., 2022. URL: https://www.basketball-bund.de/wp-content/uploads/sites/2/2022/07/DBB_Jugend_Minileitfaden.pdf.

[27] Maurizio Cremonini. *Easybasket verstehen und lehren - Ein Handbuch zur Einführung eines einfachen Spiels auf zwei Körbe für Kinder ab dem Vorschulalter.* Deutscher Basketball Bund e.V., 2020. URL: `https://www.basketball-bund.de/content/uploads/2024/03/DBB_Jugend_Easybasket-Handbuch.pdf`.

[28] Kay Blümel u. a. *Eine Frage der Qualität: Persönlichkeits- und Teamentwicklung Förderung psychosozialer Ressourcen im Basketball.* Deutscher Basketball Bund e.V., 2019. URL: `https://static-dsj-de.s3.amazonaws.com/Publikationen/PDF/PuT-Basketball.pdf`.

[29] Thomas Röhrich. *Basketball Training Für Jeden Tag - Die 365 besten Übungen.* Copress, 2022.

[30] Keith Miniscalco und Greg Kot. *Survival Guide for Coaching Youth Basketball.* Human Kinetics, 2015.

[31] USA Basketball. *Youth Development Guidebook.* USA Basketball, 2023. URL: `https://cdn4.sportngin.com/attachments/document/0095/3630/200.30_16.3.24_USA_BASKETBALL_YOUTH_DEVELOPMENT_GUIDEBOOK.pdf`.

Literatur

Carlo Ancelotti. *Quiet Leadership - Wie*
[32] *man Menschen und Spiele gewinnt.* Penguin
Random House, 2016.

John Wooden. *John Wooden über den*
[33] *Unterschied zwischen Gewinnen und Erfolg*
haben - YouTube. März 2009. URL:
https://www.youtube.com/watch?v=0MM-
psvqiG8.

John Wooden. *Wooden on Leadership.*
[34] McGraw-Hill Professional, 2005.

Joe Haefner. *Why A Great Record Doesn't*
[35] *Always Equate To Great Coaching In Youth*
Basketball - Can 5-15 Be Greater Than
20-0!? Accessed on 2024-05-20. Jan. 2023.
URL:
https://www.breakthroughbasketball.
com/coaching/youth-great-record-bad-
coaching.html.

Novak Djokovic Foundation. *Building*
[36] *Character Through Sport.* Jan. 2015. URL:
https://novakdjokovicfoundation.org/
building-character-through-sport/.

[37] Eliza McGraw. *How losing at sports — even all the time — can be good for kids.* Okt. 2016. URL: https://www.washingtonpost.com/news/parenting/wp/2016/10/26/how-losing-at-sports-even-all-the-time-can-be-good-for-kids/.

[38] Elleen Kennedy-Moore. *Struggles That Make Kids Stronger.* Accessed on 2024-05-22. URL: https://www.psychologytoday.com/us/blog/growing-friendships/201607/struggles-make-kids-stronger.

[39] Anthony Synnott. *The Joy of Losing.* Accessed on 2024-05-23. URL: https://www.psychologytoday.com/intl/blog/rethinking-men/202302/the-joy-of-losing.

[40] Cleveland Clinic. *Sore Loser? How to Help Your Child Handle Disappointment.* Accessed on 2024-05-23. 2021. URL: https://health.clevelandclinic.org/how-to-help-your-child-handle-disappointment.

[41] Cleveland Clinic. *Play Ball! Team Sports Are Good for Kids' Mental Health.* Aug. 2023. URL:
https://health.clevelandclinic.org/
playing-team-sports-may-help-kids-
ward-off-depression-study-finds.

[42] Steve Kerr. *Steve Kerr with Words of Encouragement for Stephen Curry - YouTube.* März 2017. URL: https://www.
youtube.com/watch?v=1oWsym7c5MQ.

[43] Steve Kerr und Steph Curry. *Beautiful coaching moments between Steve Kerr and Stephen Curry - YouTube.* Jan. 2018. URL:
https://www.youtube.com/watch?v=
TsVHisoLSPM.

[44] Birgit Waldenberger. "Lottogewinn - Überfall des Glücks". In: *Hypo Investment Bank (Liechtenstein) AG* (2002).

[45] Landessportbund Nordrhein-Westfalen e.V. *Methodische Prinzipien.* Accessed on 2025-01-15. URL: https://www.vibss.de/
fileadmin/Medienablage/Sportpraxis/
WZ_Wissenswertes/Lernen_und_
Methodik/WZ_Wissenswertes_-
_Lernen_und_Methodik_-
_Methodische_Prinzipien.pdf.

[46] W. Timothy Gallwey. *Tennis - Das innere Spiel: Durch entspannte Konzentration zur Bestleistung.* Goldmann, 2012.

[47] Albert Bandura. *Social Learning Theory.* Pearson, 1977.

[48] Jeff Huber. *From Sideline Outbursts to Championship Glory: What Dan Hurley's "Example" Can Teach You.* Accessed on 2024-09-25. 2024. URL: https://www.breakthroughbasketball.com/coaching/dan-hurley-example.html.

[49] DWDS – Digitales Wörterbuch der deutschen Sprache. *Etymologisches Wörterbuch des Deutschen - Trainer.* Accessed on 2024-09-28. URL: https://www.dwds.de/wb/etymwb/Trainer.

[50] DWDS – Digitales Wörterbuch der deutschen Sprache. *Etymologisches Wörterbuch des Deutschen - Coach.* Accessed on 2024-09-28. URL: https://www.dwds.de/wb/etymwb/Coach.

Literatur

Michael H. Kernis und Brian M. Goldman.
[51] "A multicomponent conceptualization of authenticity: Theory and research". In: *Advances in Experimental Social Psychology* (2006). DOI: http://dx.doi.org/10.1016/S0065-2601(06)38006-9.

Über die Autoren

Basketball ist für Lenja Kehl und Dr. Peter Saffert weit mehr als ein Spiel – er ist ihre Leidenschaft und ihr Antrieb. Diese Begeisterung spiegelt sich in ihrer Tätigkeit als Trainer genauso wider wie in den Zeilen dieses Buchs.

Lenja Kehl war gerade einmal neun Jahre alt, als sie zum ersten Mal Vereinsluft schnupperte – und seitdem ist der Basketball nicht mehr aus ihrem Leben wegzudenken. Heute coacht sie mehrere Jugendmannschaften, spielt in der Damen 1 und 2 ihres Vereins und führte ihre U14w sogar zur Oberliga-Meisterschaft. Mit viel Energie bringt sie neue Projekte wie das Jugendbeteiligungsprojekt „J-Team" mit auf den Weg.

Dr. Peter Saffert blickt auf über 30 Jahre Vereinsbasketball zurück: Als Spieler, Schiedsrichter und Jugendtrainer hat er zahlreiche Titel gewonnen und vor allem wertvolle Erfahrungen gesammelt. Besonders eindrucksvoll war seine Zeit in den USA, wo er als Jugendlicher für eine Highschool-Mannschaft spielte und amerikanische Basketballkultur hautnah erlebte – Erfahrungen, die seine Sicht auf das Spiel nachhaltig erweitert haben.

Lenja und Peter leben, was sie auf dem Feld vermitteln: Teamgeist, Begeisterung und die Überzeugung, dass Basketball uns alle wachsen lässt – egal ob Kind oder Erwachsener, ob auf dem Spielfeld oder daneben. Ihr Buch ist aus dieser gemeinsamen Erfahrung entstanden: Es erzählt von kleinen und großen Momenten, von Rückschlägen und Erfolgen, und lädt dich ein, die Freude am Basketball für dich selbst (wieder) zu entdecken – und vielleicht auch an andere weiterzugeben.

Kleine Körbe, große Träume
Unsere Reise als Minibasketballtrainer

Die Sonne scheint. Voller Vorfreude betreten wir die Sporthalle. 16 Kinder. Ein Hallendrittel – und nach zwei Stunden Training die Erkenntnis: Basketball mit Achtjährigen ist alles, nur kein Spaziergang. Frustriert und erschöpft kommen die ersten Zweifel: Liegt es an uns? Warum sind die Kinder so unkonzentriert? Sind wir überfordert? Wie motivieren wir die Kids?

Kommt dir das bekannt vor? Dann bist du hier richtig. Wir nehmen dich mit auf eine zweijährige Erfahrungsreise voller Chaos, Lachen und überraschender Lektionen. Dieses Buch ist eine Liebeserklärung an alle, die junge Teams durch die Wirbelstürme der ersten Saison begleiten. Zwischen NBA-Zitaten und Notizen erzählen wir, was wir gelernt haben: Wie mit Niederlagen umzugehen ist, ohne den Spaß zu verlieren; wie Aufmerksamkeit und Kreativität jedes Training verändern können; warum kleine Erfolge oft die größten sind – und was wirklich zählt, wenn man mit Kindern Basketball spielt.

Komm mit auf unsere Reise – irgendwo zwischen Verhaltenswissenschaft und Sporthallenrealität.